REINAS EN LA SOMBRA

Amantes y cortesanas que cambiaron la historia

MARÍA PILAR QUERALT DEL HIERRO

Reinas en la sombra
Amantes y cortesanas
que cambiaron la historia

www.edaf.net

MADRID - MÉXICO - BUENOS AIRES - SAN JUAN - SANTIAGO
2014

© 2014. María Pilar Queralt del Hierro
© 2014. De esta edición, Editorial EDAF, S. L. U., Jorge Juan 68 -28009 Madrid
(España)
© 2014. Diseño de la cubierta: Ricardo Sánchez

EDITORIAL EDAF, S. L. U.
Jorge Juan, 68. 28009 Madrid
Tel. (34) 91 435 82 60 - Fax (34) 91 431 52 81
www.edaf.net
edaf@edaf.net

ALGABA EDICIONES, S.A. DE C.V.
Calle 21, Poniente 3223, entre la 33 sur y la 35 sur,
Colonia Belisario Domínguez
Puebla 72180, México
Teléfono: 52 22 22 11 13 87
edafmexicoclien@yahoo.com.mx

EDAF DEL PLATA, S. A.
Chile, 2222
1227 - Buenos Aires, Argentina
edafdelplata@edaf.net

EDAF CHILE, S.A.
Coyancura, 2270 Oficina 914
Providencia, Santiago de Chile
Santiago -Chile
edafchile@edaf.net

EDAF ANTILLAS, INC
Local 30 A-2
Zona Portuaria Puerto Nuevo
San Juan PR 00920
(787) 707-1792

1.ª edición: septiembre de 2014

ISBN: 978-84-414-3440-0
Depósito legal: M-18666-2014

IMPRESO EN ESPAÑA   PRINTED IN SPAIN
Graficas COFÁS. Pol. Ind. Prado Regordoño. Móstoles (Madrid)

No hay salsa para el amor como el mismo
inconveniente.
Francisco de Rojas Zorrilla, (1607-1648)

Donde se celebra matrimonio sin amor, habrá amor
sin matrimonio.
Benjamin Franklin (1706-1790)

El nombre que te ofrecía
ya no es tuyo compañera,
de azahares y velo blanco
se viste la que lo lleva.
Rafael de León (1908-1982),
Romance de la otra (1932)

Índice

Introducción

L a historia constata que la mayoría de las veces los matrimonios reales han sido resultado de intereses políticos. De hecho, el matrimonio por amor en cualquier clase social no se contempla hasta el siglo XIX, producto de la cultura romántica, que exalta los sentidos y aplaude las pasiones. Una mentalidad que asomó, a lo largo del siglo XVIII, cuando comenzaron a levantarse voces en favor de considerar a la mujer un individuo de pleno derecho y no una posesión del padre, los hermanos o el esposo. Así, mujeres como Mary Wollstonecraft (1759-1797) u Olimpia de Gouges (1748-1793), pioneras del feminismo, reclamaron la libertad para contraer matrimonio aunque ello fuera contra los intereses familiares como una de las reivindicaciones más urgentes del sexo femenino. De hecho, hasta entonces, tanto para las familias de la alta nobleza, como de la burguesía o incluso de las clases populares, las mujeres no dejaban de ser simples monedas de cambio que, mediante un matrimonio conveniente, permitían aumentar títulos, ampliar posesiones o mejorar la economía familiar.

Evidentemente, cuando tales usos alcanzaban a las monarquías, infantas y princesas pasaban a ser el sello que lacraba un pacto político bien con miras estratégicas o políticas. La unión de sangres hacía impensable la posibilidad de nuevos enfrentamientos entre las respectivas coronas e incluso los propios interesados aceptaban gustosamente tales matrimonios en la convicción de que contraerlos era su deber. Posiblemente por eso las relaciones extraconyugales de los monarcas siempre se contemplaron con una cierta indulgencia. No era así en el caso de las soberanas consortes ya que ello podría implicar el ascenso al trono de un bastardo por lo que en caso de existir un *chevalier servant*, como imponía la moda en el Versalles de María Antonieta, hay que suponer que la relación con la reina finalizaba a las puertas de la real alcoba.

Es curioso comprobar que la situación toma diferentes matices según avanzan los siglos. Así, desde el Renacimiento, las amantes y cortesanas solían ser mujeres cultas y refinadas, por lo general más que las esposas, ya que a ellas se les exigía la capacidad de complacer a los hombres tanto en la conversación y la vida social como en la cama, mientras que para ser una buena esposa bastaba con ser fértil y una excelente gobernadora del ámbito hogareño. A ello se añadió, a partir del siglo XIX, el puritanismo victoriano, común a toda Europa, que impuso a los hombres de bien el «respeto» hacia sus esposas y madres de sus hijos, mientras que a las amantes se les reservaba el satisfacer sus pasiones y permitirles placeres más o menos oscuros. Lo cierto es que, en la mayoría de los casos, las sufridas cónyuges aceptaban de buen grado tal componenda. Conocida es la anécdota de aquel industrial catalán que desde un palco del Liceo barcelonés, emporio de la burguesía catalana, mostró a su esposa a la amante de su rival comercial, una mujer célebre por su belleza, que ocupaba una butaca de platea. La respuesta de la dama es impagable:

—¡No es para tanto! Me gusta más la «nuestra».

Se dice también que, en ocasiones, eran las propias esposas aconsejadas por sus confesores quienes imponían a sus maridos las necesarias escapadas para mantener una suerte de castidad conyugal y reservar las relaciones íntimas exclusivamente a la procreación. Esa fue, por ejemplo, el comportamiento de la Emperatriz Isabel de Austria, la célebre Sissi, quien buscó una amante al Emperador, si bien lo hizo con otro propósito[1]: sentirse más libre durante sus escapadas de la rigidez de la corte vienesa.

---

[1] Algunos autores aseguran que la emperatriz sentía una cierta repulsión por el sexo.

Lo cierto es que, desde la Edad Media, la existencia de amantes reales se contempló con una cierta naturalidad, siempre que estas relaciones se mantuvieran lejos del terreno político. Evidentemente, hubo soberanas celosas y vengativas como María de Portugal (1313-1357) o Catalina de Médicis (1519-1589), pero otras como Maria Lesczynska (1703-1768), esposa de Luis XV de Francia, toleraron sin problemas la presencia de amantes y favoritas, en este caso el imperio de Madame Pompadour (1721-1764). El caso francés es peculiar. La *maîtresse-en-titre* o amante oficial del rey, tenía asignación económica, apartamentos propios en el mismo palacio y un lugar destacado en las ceremonias de corte. Es más, aún sin tales beneficios, en la mayoría de las cortes europeas se registraron casos en los que los hijos bastardos del monarca llegaron a ocupar puestos de relevancia. Valga nombrar a don Juan de Austria (c.1545-1578), hijo natural y reconocido de Carlos I (1500-1558), o de don Juan José de Austria (1629-1679), nacido de las relaciones de Felipe IV (1605-1665) con una actriz, María Inés Calderón, conocida como «La Calderona» (1611-1646).

Es evidente que, al paso de los siglos, las circunstancias han cambiado. Baste pensar en la reacción de Diana de Gales (1961-1997) ante los públicos amores de su esposo, el príncipe Carlos (n.1948) con Camila Parker-Bowles (n.1947). Una historia con final feliz para los antiguos amantes pero denostada por la opinión pública cuando salió a la luz y que dio lugar a uno de los primeros divorcios de la realeza europea. En cualquier caso lo cierto es que la *mujer* del rey, no siempre es la reina. Así lo demuestran, al menos, las historias de amor —solo algunas de una lista que podía alargarse mucho más— que nos explican las páginas que siguen.

Barcelona, marzo de 2013

LEONOR DE GUZMÁN

Doña Leonor Núñez de Guzmán con el rey Alfonso XI. Grabado del siglo XIX.

I

Leonor de Guzmán, la «Reina» de Castilla

(1310-1351)

El día que Alfonso XI de Castilla conoció a una bella viuda llamada Leonor de Guzmán supo que nunca podrían separarse sus destinos. Posiblemente también lo intuyó la reina, María de Portugal, quien desde ese momento decidió declarar la guerra a la hermosa castellana. Según la Crónica de Alfonso XI, Leonor era «en fermosura la mas apuesta muger que auia en el reyno».Fue mucho más que una mujer hermosa: su inteligencia y capacidad política hicieron de ella una auténtica reina en la sombra.

Leonor Núñez de Guzmán había nacido en Sevilla, en 1310, fruto del matrimonio entre Pedro Núñez de Guzmán y Juana Ponce de León y Meneses, una noble castellana cuya estirpe se remontaba a los reyes de León. Como era usual en la época, contrajo matrimonio muy joven, apenas cumplidos los quince años, con un aristócrata sevillano, Juan de Velasco, del que enviudó a los pocos meses de la boda. Era pues una mujer libre cuando, en 1528, conoció a Alfonso XI rey de Castilla (1311-1352). No era ese el caso del monarca que acababa de contraer matrimonio con la infanta María de Portugal (1313-1357), una unión que respondía a intereses dinásticos y que precisó de la dispensa papal ya que los contrayentes eran primos hermanos[2]. La consanguinidad, evidentemente, no presuponía afinidad alguna entre

---

[2] Alfonso XI era hijo de Constanza de Portugal, hermana de Alfonso IV de Portugal, padre de María.

ambos y la unión entre Alfonso y María pareció de inmediato condenada al fracaso. La relación entre el matrimonio era prácticamente nula, mientras que entre Alfonso y Leonor nació de inmediato una pasión arrebatadora que conllevó rápidamente el nacimiento de un hijo tras otro[3], mientras que María de Portugal no conseguía retener a su marido a su lado y, en consecuencia, dar un heredero al trono.

Leonor, además, se convirtió no solo en la amante sino en la más fiel y mejor consejera de Alfonso XI. De hecho, bien se la pudiera calificar de «valido» del rey quien, a cambio de sus atinadas opiniones, le regalaba prebendas y territorios sin fin. Y no solo el rey. Conocedores de su influencia sobre el monarca, muchos nobles castellanos contribuyeron a llenar sus arcas. Obsequios que Leonor aceptaba gustosamente no tanto por ambición personal, a decir de los cronistas más indulgentes, como para asegurar el porvenir de sus hijos puesto que su sentido común le avisaba de que, como bastardos, su futuro no estaba ni mucho menos asegurado. Fuera pues por avaricia o por prudencia, lo cierto es que Leonor de Guzmán acumuló un enorme patrimonio que no se ciñó solo a tierras y fortuna sino que se circunscribió también a diversos cargos cortesanos para su familia y su entorno personal. Así, su hermano primero y su hijo Fadrique después fueron nombrados sucesivamente Maestre de la Orden de Santiago.

Curiosamente, sin embargo, jamás quiso ocupar el lugar de la reina. Un gesto que dice mucho en su favor ya que el hecho de que María de Portugal no diera hijos al monarca hasta siete años después de celebrado el matrimonio, le facilitaba el proceso de reclamar

---

[3] Pedro Alfonso (1330-1338); Juana Alfonso, señora de Trastamara (1330-¿) ; Sancho Alfonso, señor de Ledesma (1331-1343); Enrique de Trastamara, rey de Castilla como Enrique II «el de las Mercedes» (1333-1379); Fadrique Alfonso, maestre de Santiago y señor de Haro ((1334-1358); Fernando Alfonso, muerto en la niñez; Tello de Castilla, conde de Vizcaya (1337-1370); Juan Alfonso, señor de Badajoz y de Jerez de la Frontera (1341-1359), Sancho de Castilla, conde de Alburquerque (1342-1375) que contraería matrimonio con Beatriz, hija de Inés de Castro y Pedro I de Portugal (1342-1375); Pedro Alfonso (1345-1359).

ante la Santa Sede la anulación de su matrimonio. Fue la propia Leonor quien le hizo desistir de tal propósito y por supuesto, las consecuencias políticas que pudieran sucederse del hecho de repudiar a la reina María.

La soberana no cesaba de denunciar ante su padre, Alfonso IV de Portugal, la conducta de su marido. Sabía que en el corazón de su padre sus lamentaciones iban a encontrar el eco deseado puesto que tenían el terreno abonado para ello. Alfonso IV era hijo de Dionis I y de la infanta Isabel de Aragón[4]. Desde niño no solo se había visto relegado en el afecto de su padre ante la debilidad que este sentía por sus numerosos bastardos, sino que había visto la resignación y el sufrimiento de su madre ante las numerosas infidelidades de su esposo, si bien su generosidad la llevó a criar a los hijos extraconyugales como propios[5]. No es de extrañar, pues, que el rey portugués presionara a Alfonso XI para que cesara su relación con Leonor de Guzmán a fin de evitar en su hija el mismo tormento que había padecido su madre. Para ello acudió al Papado solicitando que Pontífice reconviniera a Alfonso XI por su conducta, negó toda colaboración militar a Castilla contra los musulmanes, apoyó cualquier movimiento de rebeldía por parte de la nobleza castellana contra su rey, y finalizó invadiendo el territorio castellano.

Leonor fue consciente del problema que su relación con el rey causaba a Castilla. De ahí que aceptara resignada recluirse en un convento a raíz del pacto de Sevilla, el acuerdo firmado entre los soberanos

---

[4] Isabel de Aragón subió a los altares como Santa Isabel de Portugal en 1625. En tierras lusas se la conoce como la «Rainha Santa».

[5] A los dos hijos del matrimonio con Isabel de Aragón —Constanza (1285-1313), casada con Fernando IV de Castilla, y Alfonso IV (1291-1357)— se añadieron Pedro Alfonso, (1287-1354) conde de Barcelos; Alfonso Sánchez (1289-1329) que disputó el trono al futuro Alfonso IV; María Alfonso (1290-1340), María (1301-1320), Juan Alfonso (1280-1329), Fernán Sánchez (1280-1329) y Pedro Alfonso (1280-¿?). Todos se educaron en palacio bajo los cuidados de la reina Isabel.

portugués y castellano, el 10 de julio de 1340. A cambio, Portugal se comprometía a contribuir con sus tropas en la batalla del Salado donde se venció definitivamente a los benimerines, la última de las invasiones musulmanas sobre la península Ibérica.

Pero el amor era más fuerte que la palabra dada y, acabado el conflicto bélico, Alfonso XI llamó de nuevo a Leonor a su lado. Ya no volverían a separarse. No era reina pero recibía honores como tal y se comportaba como si lo fuera. Permanecía constantemente junto al rey, acompañándole sin desmayo en sus desplazamientos y expediciones militares llegando a formar parte del cortejo real que entró en Algeciras tras su conquista. Intervenía en la vida pública: otorgaba cartas de población, confirmaba privilegios regios y franquicias, recibía a embajadores... Nobles, clérigos y gentes del pueblo llano acudían a ella en busca de su intercesión ante el monarca. Incluso el primado de España alababa sus virtudes, frente a la opinión del Pontífice Benedicto XII. Es más, hasta el rey Eduardo III de Inglaterra se dirigió a ella a fin de gestionar matrimonio del heredero de Castilla con una princesa inglesa.

La complicidad a todos los niveles entre los amantes era tal que solo pudo separarlos la muerte. Fue el 26 de marzo de 1350. Alfonso XI cayó a causa de la peste bubónica en 1350 durante el sitio al que las tropas castellanas sometían a Gibraltar.

Ese mismo día comenzó el calvario de Leonor. La reina María había dado a luz en 1334 a un hijo, Pedro[6] pero de poco le había servido dar al rey el ansiado heredero. Mientras que los hijos de Leonor vivían junto al rey y este los consideraba su familia legítima, la reina, el infante Pedro y sus fieles vivían alejados de la corte y poco menos que recluidos en el alcázar sevillano o en el monasterio cisterciense de San Clemente, cercano a la ciudad del Guadalquivir. Es más, a la hora de su muerte, al rey le acompañaban su favorita y parte de sus hijos,

---

[6] Los partidarios de Leonor hicieron correr la especie de que el infante era fruto de los amores adúlteros de la reina con un cortesano llamado Pero Gil, de ahí que a los partidarios de Pedro I el Cruel se les llamara «emperejilados».

mientras la reina y el heredero legítimo Pedro, permanecían en Sevilla. El odio, la rabia, el afán de venganza de María de Portugal, acumulados durante tantos años, iban a estallar. Era su momento y ella lo sabía.

Consciente de lo que se le avecinaba, Leonor se limitó a seguir el cortejo fúnebre durante unos pocos kilómetros y luego se retiró a sus dominios de Medina Sidonia, una de las muchas ciudades que el monarca le había otorgado en señorío. No se equivocaba. Su tiempo había acabado. Sola y sin la protección real, su vida se convirtió en un infierno. Incluso sus hijos y sus fieles fueron abandonándola por miedo a sufrir las iras del nuevo rey. Buscó refugio en Aragón y escribió a Pedro IV anunciándole que «yo y mis hijos estamos en gran tribulación y peligro. Y envío rogar al conde don Lope de Luna que tenga a bien hablar con vos algunas cosas que cumplen a mi y a mis hijos que no os puedo enviar decir por carta». Pero, como era de esperar, el rey de Aragón, unido a Portugal por lazos de sangre[7] se limitó a recomendarle que se «consolase en Dios y hacer por el alma del difunto rey Rey, limosnas y oraciones y obras piadosas».

Confiando en las promesas de Juan Alfonso de Alburquerque, valido del nuevo rey y según algunos autores amante de la reina, quien le había prometido protección y seguridad si rendía homenaje a Pedro I, Leonor regresó a Sevilla. Era una trampa. Apenas llegar al alcázar hispalense, fue hecha prisionera al tiempo que se confiscaba gran parte de su patrimonio. Pese a su prisión, se le permitió rodearse de algunos fieles y disfrutar de la compañía de su hijo Enrique cuya boda con Juana Manuel, hija del infante-poeta don Juan Manuel y descendiente de Alfonso X se apresuró a confirmar. Con ello Leonor iba más allá de procurar la felicidad de su hijo. Consciente del noble linaje de la joven, la boda era un pasaporte hacia la legitimidad de una dinastía, los Trastamara, de origen bastardo. La maniobra no pasó desapercibida para los partidarios de Pedro I quienes, ante la partida de Enrique y Juana hacia Asturias, no dudaron en arrestar a Leonor de Guzmán en la plaza

---

[7] Era nieto de Jaime II, hermano de Isabel de Aragón, esposa de Dionis I de Portugal.

fuerte de Carmona, bajo la acusación de promover el levantamiento contra el nuevo soberano, de conspirar con el rey de Aragón y de incitar a sus hijos a la rebelión.

Allí permaneció retenida hasta la primavera de 1351, cuando Pedro I convocó Cortes en Valladolid. Obligada, viajó hasta allí en compañía de la reina madre. Pero María de Portugal no perdonaba fácilmente. Casi de inmediato hizo trasladar a su prisionera al que era su propio terreno, concretamente al alcázar de Talavera de la Reina, un señorío de su exclusiva propiedad. Allí, Leonor de Guzmán, la fiel compañera de Alfonso XI, fue sometida a todo tipo de torturas y vejaciones hasta que en 1351 una daga, propiedad de un hombre de confianza de la reina, le permitió descansar en paz.

Era, curiosamente, el mismo fin que cuatro años después tendría en Portugal otra dama, en esta ocasión de origen gallego, Inés de Castro. Amante y luego esposa secreta del hermano de María —Pedro I el Justiciero— fue asesinada por orden de Alfonso IV temeroso ya no de su poder sino del de sus hermanos, los poderosos Castro, muy vinculados a la corte castellana.

Sin embargo, ni los verdugos de Leonor ni los de Inés, a fin de cuentas padre e hija, consiguieron borrar su huella en la historia. Todo lo contrario. La sangre de ambas acabó por nutrir la corona española: la de Inés a través de su hija Beatriz, casada con Sancho de Castilla y cuya hija, Leonor, conocida como la Ricahembra a causa de sus amplias posesiones, casó con Fernando de Antequera, rey de Aragón y abuelo de Fernando el Católico. La de Leonor, mediante su hijo Enrique II de Castilla, vencedor de su hermanastro Pedro I en Montiel tras el estallido de la guerra civil castellana, y tatarabuelo que fue de Isabel la Católica.

LEONOR TELES DE MENESES

Leonor Teles de Meneses. Grabado del siglo XIX.

II

Leonor Teles de Meneses, la dama maldita de Portugal

Demonizada por la historia, Leonor Teles de Meneses, amante primero y esposa después de Fernando I de Portugal (1345-1383), fue ciertamente una mujer ambiciosa, pero también inteligente y extraordinariamente dotada para la política en una época especialmente difícil cuando, en tierras lusas, se dieron cita las malas cosechas, las continuas guerras con Castilla y las diferencias dinásticas. Regente del reino a la muerte de su esposo, su gobierno conocido como el «interregno», puso punto final a la hegemonía del linaje de Borgoña en el trono portugués y dio paso a la dinastía de Avis, posiblemente la que mayores logros concedió al reino.

Leonor nació en la región de Tras-os-Montes en 1350 en el seno de una familia de prosapia ya que descendía por línea paterna de los reyes de León y por padre de madre, Aldonza de Vasconcelos, de los reyes de Castilla. Parte de su infancia transcurrió en tierras castellanas ya que su padre, Martin Alfonso Teles de Meneses, fue el hombre de confianza (y, tal vez, amante) de la infanta María de Portugal tras su matrimonio con el rey castellano Pedro I el Cruel.

Muy joven, contrajo matrimonio con Juan Lorenzo da Cunha, heredero del señor de Pombeiro, de quien tuvo un hijo, Álvaro. Hacia 1369, un suceso inesperado, la prematura viudez de su hermana, le obligó a dejar a su familia en Tras-os-Montes para viajar a la corte. María Teles de Meneses, dos años mayor que Leonor, iba a ser un personaje fundamental en la vida y, como se verá, acabó por ser la víctima inocente de su ambición. Había contraído matrimonio con Álvaro Dias de Sousa, señor de Mafra y Ericeira, del que enviudó apenas contraer matrimonio y cuando ya había nacido su único hijo. Ejercía funciones de camarera de la infanta Beatriz, hija de Inés de Castro y Pedro I, y por tanto hermanastra del rey Fernando I, nacido del primer matrimonio de su padre con Constanza Manuel. Tras enviudar, llamó a Leonor a su lado y lo que tenía que ser una estancia temporal se convirtió en definitiva.

Según parece, la belleza de Leonor deslumbró a Fernando un hombre muy sensible a los encantos femeninos como lo demuestra el hecho de que con solo 19 años ya tuviera una hija ilegítima llamada Isabel. Cuando Leonor llegó a Lisboa, corría por la corte el rumor de que el monarca y su hermanastra mantenían una relación incestuosa, una posibilidad por la que apuestan algunos autores. En cualquier caso, el presunto idilio se interrumpió al entrar Leonor en escena ya que, poco tiempo después de su llegada, se apalabró el matrimonio de Beatriz con el infante Sancho de Castilla, conde de Alburquerque e hijo bastardo de Alfonso XI y su amante, Leonor de Guzmán.

Evidentemente, su primer matrimonio —además de los intereses políticos que parecían indicar la conveniencia de un enlace real castellano— era el único impedimento para que Leonor Teles de Meneses se convirtiera en reina de Portugal. Sin embargo, a instancias del rey, este fue disuelto por el papado alegando consanguinidad en segundo grado entre los cónyuges, una razón difícil de demostrar pero fácil de obtener mediante la compra de voluntades eclesiásticas. Se habló de un primer matrimonio secreto pero, a ojos de todos, lo cierto es que el rey y Leonor convivieron un tiempo como amantes hasta que, llegada la bula vaticana que anulaba el anterior matrimonio de Leonor, contrajeron matrimonio en Leça de Balio en mayo de 1373.

Para entonces, de la unión de Fernando y Leonor ya había nacido su hija Beatriz. Las irregularidades de la nulidad del anterior matrimonio de Leonor y las dudas sobre la existencia de un matrimonio secreto anterior al celebrado de forma oficial vertían sobre la infanta la sombra de la ilegitimidad. Eso, unido a la animadversión existente hacia Leonor a la que se acusaba de disoluta y ambiciosa, motivaron la reacción de una importante facción nobiliaria que se negó a reconocerla como legítima heredera. Al frente de la misma, se encontraba el mayor de los hijos varones de Inés de Castro, Juan (1349-1387), señor de Eça y, posteriormente, primer duque de Valencia de Don Juan, sobre quien paradójicamente también sobrevolaba la sombra de la bastardía dadas las irregularidades del matrimonio secreto contraído por sus padres.

Juan de Eça había contraído matrimonio con María Teles de Meneses pero ni siquiera los lazos familiares le impedían acusar a su hermanastro, el rey Fernando, de ser un títere en manos de su esposa, y en consecuencia de desatender los asuntos de estado y de gobierno. El prestigio del hijo de Inés de Castro crecía por momentos y viendo peligrar el trono de su hija, Leonor decidió actuar. Dispuesta a todo con tal de acabar con las pretensiones del señor de Eça, urdió una compleja intriga con la colaboración de cortesanos fieles a su causa. Mediante pruebas falsas, estos convencieron a Juan de Eça de que su esposa le era infiel. Enfurecido, viajó hasta Coimbra donde se hallaba el hogar conyugal y, sin mediar palabra, la apuñaló. La inocencia de la desdichada María no tardó en demostrarse y el pretendiente, totalmente desacreditado, perdió el favor de los suyos y hubo de refugiarse en Castilla donde expió su culpa recluido en un convento .

Ya sin obstáculos, el papel de Leonor en el gobierno fue cada vez más patente. A ello contribuía la inoperancia de su esposo, un hombre culto y bienintencionado, pero irresoluto y débil de carácter. Fernando se mostraba incapaz de mantener un gobierno fuerte y el ambiente político interno se resentía con constantes intrigas cortesanas, mientras la potencia política del reino se resentía de los continuos enfrentamientos con Castilla. El monarca, además, no gozaba de buena salud y en 1383 falleció a causa de la tuberculosis.

Para entonces ya había entrado en escena un oscuro personaje, Xoan Fernández de Andeiro, un noble gallego premiado por sus gestiones diplomáticas ante Inglaterra con el título de conde de Ourem, valido del rey y, a todas luces, amante de la reina. Fue él, viendo que Fernando I agonizaba y ante la perspectiva de que su viuda tendría que encargarse de la regencia, quien sugirió a Leonor las ventajas de establecer una fuerte alianza con Castilla que refrendara los derechos de Beatriz al trono. Se pensó en un matrimonio con el heredero del reino vecino pero, al enviudar Juan I de Castilla, Andeiro decidió que el monarca era el mejor candidato a la mano de Beatriz.

El enlace garantizaba de alguna manera la sucesión en la persona de Beatriz. Contar con el apoyo de un monarca poderoso no solo contrarrestaría las aspiraciones al trono de Juan de Eça sino que, al tener Beatriz que residir en Castilla, Leonor como regente tendría las manos libres para hacer y deshacer. Es más, en las capitulaciones matrimoniales se estipulaba que Juan I de Castilla podía intitularse como rey de Portugal, pero para garantizar la independencia de ambos reinos, Leonor permanecería a cargo del gobierno de Portugal hasta que Beatriz tuviera un hijo que alcanzase la mayoría de edad, pudiera asumir la corona portuguesa y sus padres se limitaran a gobernar Castilla.

El plan parecía perfecto pero Leonor cometió un terrible error: instaló en palacio a Xoan Fernández de Andeiro. El pueblo no la perdonó y menos aún los nobles que se posicionaron en bloque junto a un nuevo candidato: Juan de Avis, hijo ilegítimo de Pedro I, habido de su unión con una dama llamada Teresa Lourenço. Desde ese momento, los acontecimientos se precipitaron. Un alzamiento popular acabó con la vida del conde de Ourem y Leonor huyó a Castilla en la esperanza de encontrar junto a su yerno el apoyo que necesitaba. Se equivocaba. Mientras Portugal aclamaba como rey a Juan de Avis, fue encarcelada por el monarca castellano en el Monasterio de Santa Clara de Tordesillas (Valladolid, España). Según algunos autores, murió allí tres años después. Beatriz, por su parte, viuda desde los dieciocho años y sin descendencia, se retiró a Toro donde murió hacia 1420 y en cuyo monasterio del Sancti Spiritu está enterrada.

Sin embargo, el historiador portugués Manuel Marques Duarte y con él otros estudiosos del personaje defienden la tesis de que Leonor Teles de Meneses murió en 1405. Esta posibilidad se basa fundamentalmente en la *Historia de Valladolid* escrita en 1640 por Juan Antolinez de Burgos donde se afirma que la reina portuguesa permaneció en su prisión vallisoletana hasta 1390, el mismo año en que murió Juan I. El nuevo rey, Enrique III, la liberó de su prisión y le permitió instalarse en Valladolid donde recibió meses después al embajador del rey de Aragón, don Guerau de Queralt, que había viajado a Castilla con la misión de solicitar del rey castellano que «acatasse y honrasse a la reyna donna Beatriz y la reyna donna Leonor de Portogal».

Es más, según el mismo autor, la prisión no marchitó la legendaria hermosura de Leonor Teles. Por el contrario parece ser que en Castilla tuvo dos hijos más nacidos de su unión con un caballero llamado Zoilo Iñiguez. Posiblemente estos últimos años fueron los más serenos de su vida. Olvidadas ambiciones y pasiones, es muy posible que Leonor Teles los consagrara a la oración y a las obras piadosas ya que en su testamento dejó dispuesto que su mansión palaciega fuera transformada en convento de religiosas de la Merced Calzada.

A su muerte, recibió sepultura en la capilla del mismo palacio-convento bajo una lápida en la que se leía : «Aqui yace sepultada la Reina Doña Leonor, mujer del Rey don Fernando de Portugal: está un infante a sus pies. Dotó dos misas cada semana por sí y por su hija Doña Beatriz, Reina de Castilla, mujer del Rey Don Juan el I y fue fundadora de este convento». Sin embargo, como si la historia quisiera borrarla de sus páginas, nada de su legado quedó en pie. El convento, la iglesia y con ella sus restos desaparecieron en el siglo XIX para dejar paso a las actuales calles de La Merced y Cervantes de la capital castellana.

AGNÈS SOREL

Detalle de la escultura yacente en el sepulcro de Agnès Sorel
en la Colegiata de Saint-Ours en Loches (Francia).

III

Agnès Sorel, *Dame de beauté*

(1422-1450)

En la colegiata de Saint-Ours en Loches (Francia) se halla un sencillo mausoleo de estilo gótico. Una elegante lápida de mármol negro sirve de base a una estatua yacente de blanquísimo alabastro en torno a la cual puede leerse[8] «Aquí descansa la noble Agnès Sorel, en vida Dama de Beauté, de Roquesserière, d'Issouldun et de Vernon-sur-Seine, compasiva con todos y que generosamente donó sus bienes a la iglesia y a los humildes cuando murió el 9 de febrero del año de gracia de 1450. Rogad a Dios por su alma. Amén.»

Dame de Beauté, es decir «Dama de la Belleza». En palabras del cronista Enguerrand de Monstrelet (1390-1453) «bella entre las bellas se la llamó «dama de la Belleza» tanto por su hermosura como porque el rey le entregó de forma vitalicia el castillo de Beauté[9]»[10] Es decir, el apelativo le correspondía en justicia por ser dueña y señora del castillo de tal nombre como lo era de los de Roquesserière, Issouldun y Vernon-sur-Seine , pero también por méritos propios ya que la hermosura de Agnès Sorel, la primera amante real reconocida públicamente como tal en la corte francesa, fue excepcional.

---

[8] *«Cy gist noble damoyselle Agnès Seurelle en son vivant dame de Beaulté, de Roquesserière, d'Issouldun et de Vernon-sur-Seine piteuse envers toutes les gens et qui largement donnoit de ses biens aux eglyses et aux pauvres laquelle trespassa le IXe jour de février l'an de grâce MCCCCL, priies Dieu pour l'ame delle. Amen»*

[9] Beauté : «belleza» en francés

[10] *« Et comme entre les belles estoit tenue pour la plus belle du monde fut appelée damoyselle de Beauté tant pour cette cause que pour ce que le roy lui avait donné à sa vie la maison de Beauté »*

Había nacido en Fromenteau, una pequeña población de la Turena francesa, del matrimonio entre un militar, Jean Seurelle o Sorel, y una joven perteneciente a la nobleza rural llamada Catherine de Maignelais. Ambos pertenecían al servicio de los reyes de Nápoles, Renato de Anjou e Isabel de Lorena, y en consecuencia cuando la joven Agnès alcanzó la pubertad pasó a convertirse en dama de la reina. Ese era el papel que desempeñaba cuando recaló en Toulouse y conoció al rey de Francia. Era 1443 y Agnès tenía poco más de veinte años. Su aparición en escena coincidió con una tregua en la guerra de los Cien Años que aseguraba a Francia una larga etapa de paz. Era como si la hermosa cortesana hubiera traído consigo la paz al monarca y a su reino.

Carlos VII, hijo de Carlos VI Valois e Isabel de Baviera, se había coronado rey de Francia en Reims el 17 de julio de 1429, mediante la intervención de Juana de Arco y tras vencer a los ingleses en el transcurso de la llamada Guerra de los Cien Años[11]. Cuando conoció a Agnès ya había cumplido 40 años[12] y estaba casado con María de Anjou (1404-1463), una mujer de una piedad enfermiza y poco agraciada pero extraordinariamente fértil que le daría doce hijos. Tampoco él era un hombre atractivo. Según el cronista Georges Chastellain (1405-1475) «Era flaco y poco corpulento, tenía una constitución débil y caminaba de manera extraña con un inquietante y continuo balanceo» pero compensaba sus defectos con un talante amable, una considerable cultura y una nada despreciable capacidad de seducción. Era, además, hospitalario ya que, en 1443, había acogido en su corte tolosana a su cuñado Renato de Anjou, quien acababa de perder el reino de Nápoles frente a Alfonso V el Magnánimo rey de Aragón.

Dedicado como estaba a los negocios del reino y a su pasión por el arte, en tanto que su esposa —eternamente encinta— dividía su tiempo entre la oración y la rueca, Carlos VII vivía en una corte casi mo-

---

[11] Desde 1337, tras la muerte sin sucesión del último monarca Capeto, Francia e Inglaterra estaban enfrentadas a causa de las pretensiones del monarca inglés Eduardo III sobre el trono francés.
[12] Nació en París el 22 de febrero de 1403.

nacal. Una corte en la que la llegada de los antiguos reyes napolitanos fue un soplo de alegría. Las damas que acompañaban a Isabel de Lorena danzaban, reían, jugaban, vestían de colores claros, e incluso utilizaban afeites. Con ellas pareció que la juventud regresaba a las estancias cortesanas y, sobre todo, a la vida del rey. Aquel hombre solitario, introvertido y tímido pareció revivir al descubrir entre el acompañamiento de su cuñada aquella muchacha de cara redonda, senos turgentes, piel extremadamente blanca —el don más apreciado en la época—, cuello esbelto y boca recogida que respondía al nombre de Agnès.

La relación comenzó casi de inmediato. Es más, pocos meses después, cuando Renato de Anjou e Isabel de Lorena se instalaron en sus posesiones angevinas, Carlos VII no pudo resistir la ausencia de su amante y les siguió hasta Saumur, mientras la reina, sola, daba a luz en Tours al último de los vástagos reales. Reemprendida la relación ya sin disimulo alguno, el rey hizo ofrenda a su dama del castillo de Beautè-sur-Marne, en Vincennes, muy cerca de París, que había sido la residencia favorita de su abuelo Carlos V (1364-1380).

El escándalo fue legendario. Era la primera vez que un rey de Francia mostraba públicamente su relación con su favorita. Parecía, además, que el monarca había perdido todo tipo de contención: se mostraba audaz, mundano y galante. Es más, contra su costumbre, ahora rompía lanzas en los torneos y escribía versos en los que no dudaba en proclamar a los cuatro vientos que «en la mesa, la cama y el consejo»[13] quería tener siempre a Agnès a su lado. Para conseguirlo, sin miedo alguno al qué dirán de la corte, nombró a su favorita dama de la reina María quien aceptó resignada tal designación.

Agnès Sorel aceptaba gustosa su papel de pecadora declarada y consciente de su poder, pero también de la fragilidad de su posición ya que no parecía contar con más apoyo que el del rey, decidió bus-

---

[13] Según Enguerrand de Monstrelet (1390-1453) así rezaban unos versos que el monarca recitó a su dama durante unas justas celebradas en Loches : «*Dans la table, le lit et le consei, je voudrais être toujours avec toi*».

carse dos buenos aliados. El primero fue Pierre de Brézé, senescal de Angers y de Poitou, un militar de éxito que soñaba con hacer de Francia la potencia hegemónica que había sido siglos atrás. Sabía que para ello debía hacerse con la voluntad del rey y, por tanto, buscó la complicidad de Agnès. Era un intercambio de favores ventajoso para ambos: Brézé se convertiría en su valedor ante la corte y ella utilizaba su ascendente sobre el rey para abrirle camino.

Sería, sin embargo, su segundo cómplice quien acabaría por convertirla en la mujer que pasó a la historia. Se llamaba Jacques Coeur y era el administrador de las finanzas reales. Un comerciante ambicioso que, según algunos autores, fue mucho más que un amigo para Agnès Sorel. Importaba de Oriente muebles, joyas, pieles, sedas y toda clase de objetos preciosos. Su perspicacia para los negocios le hizo comprender, adelantándose a las modernas técnicas de mercadotecnia, que necesitaba una «imagen» para su empresa y ¿quién mejor que la favorita? Evidentemente, Agnés aceptó desempeñar tal cometido y con ello la corte triste de María de Anjou pasó a ser un recuerdo al tiempo que se acabaron las reticencias de la Iglesia así como los usos y costumbres medievales. Anticipándose al Renacimiento, Jacques Coeur y Agnès Sorel formaron un perfecto tándem que introdujo en la corte el arte del buen vivir, la afición al lujo y el afán por cultivar las bellas artes. Francia pasó de ser devota, taciturna y timorata, a convertirse en el paradigma del lujo y la voluptuosidad. A imagen de *Madame Beautè* las damas vestían terciopelos, sedas, armiño… Se adornaban con espectaculares joyas, arrastraban largas colas y se cubrían con puntiagudos tocados. Es más, a imitación de la favorita, se impuso la moda de depilarse las cejas, lucir amplios escotes y usar ropa interior de finas telas. De alguna manera, las mujeres de la corte de Carlos VII habían descubierto de una vez por todas su poder de seducción.

De nada valieron los reproches de los estamentos más conservadores y las amenazas del clero, especialmente las del arzobispo de París que veía en Agnès la encarnación misma del demonio. El colmo del escándalo llegó cuando el pintor de la corte Jean Fouquet utilizó a la favorita para pintar una imagen de la Virgen María para la iglesia de Melun. El cuadro, que ha acabado por ser el retrato más conocido de Agnès Sorel es, pese a su temática religiosa, de una extrema sensualidad. A la expresión recatada y dulce del rostro se contrapone un voluminoso seno descubierto que contrasta con la esbelta cintura y destaca sobre el fondo de ángeles rojos y azules, convirtiéndole en el centro de atención del cuadro.

Claro que aún produjo mayor revuelo en la corte que, en 1449, Carlos VII abandonara a su esposa y se instalara con la favorita, que por entonces ya le había dado tres hijas[14], en el castillo de Razilly durante ocho meses.

La transformación de Francia era completa pero la opinión pública estaba totalmente dividida. El reino, gracias a la colaboración de Brézé y de Jacques Coeur, prosperaba a ojos vista. Los precios bajaban gracias al aumento del consumo y el país se rearmaba de cara a poder enfrentarse de nuevo con los ingleses y hacerse con el resto del territorio que aún estaba bajo su poder. Pero pocos parecían comprender la participación de Agnès Sorel en el cambio social y político que se estaba produciendo. De poco servía que la favorita redoblara sus gestos caritativos o repartiera limosnas a manos llenas. Tampoco que buscara deslumbrar al pueblo apareciendo en París con un traje de terciopelo rojo recamado de perlas y un largo velo que le hacía parecer un hada benefactora. El pueblo llano la despreciaba y los altos dignatarios de la corte temían su poder y el de sus potentes aliados. Los capitaneaba el delfín, el futuro Luis XI, quien parece ser que pretendió ocupar el lugar de su padre en la alcoba de *Madame Beautè*. Ante la rotunda negativa de esta, la insultó públicamente y fue desterrado de la corte.

---

[14] Marie (1444-1473), Charlotte (1446-1477) y Jeanne (1448-1467) de Valois. Poco antes de morir, Agnès dio a luz a una cuarta hija que solo vivió unos días. Conocidas como «las bastardas de Francia», Marie, Charlotte y Jeanne (llamada así en honor a Juana de Arco) fueron reconocidas por el monarca. Charlotte contrajo matrimonio con un hijo de Pierre de Brézé quien la asesinó poco después de contraer matrimonio al encontrarla yaciendo con su amante en la alcoba conyugal.

Con el reino suficientemente fortalecido y rearmado, Carlos VII —posiblemente por indicación de la propia Agnès aliada con Pierre de Brézè— decidió que era el momento de reemprender la batalla contra los ingleses. Su favorita intentó acompañarlo pero, nuevamente embarazada, los facultativos le prohibieron que se pusiera en viaje. Desoyendo tan prudentes consejos, en enero de 1450 partió hacia Normandía en busca del monarca. Los amantes se reunieron en la abadía de Jumièges y allí, tras el nacimiento de la cuarta de sus hijas, compartieron sus últimos días felices. Pero la joven *Madame Beautè* nunca se repuso por completo de un parto que resultó prematuro y extremadamente dificultoso. El 9 de febrero entró en coma y pocas horas después murió cuando aún no había cumplido los veintiocho años.

El fallecimiento se atribuyó a la disentería, sin embargo, cuando en 2005 se exhumaron sus restos mortales por iniciativa de un equipo científico del Hospital Universitario de Lille, se hallaron en su cuerpo grandes cantidades de mercurio. Un elemento químico que hizo sospechar que había sido envenenada. No faltaban candidatos a la hora de cometer el crimen: desde el mismo Delfín que la había amenazado de muerte públicamente hasta su prima Antoinette de Maignelais, que la sucedió en el tálamo real. No obstante, dado que en el siglo xv el mercurio también se utilizaba como purgante e incluso en productos de cosmética, no pueden sacarse conclusiones prematuras.

Fuera muerte natural o provocada, lo cierto es que en su hora final, Agnès Sorel dio muestras de una enorme serenidad. Testó a favor de los más necesitados, perdonó públicamente a sus enemigos, y se despidió del rey. Parece ser que sus últimas palabras fueron:

—Nada hay más frágil que nuestra propia existencia.

Hablaba, sin duda, con conocimiento de causa. Ella, una humilde dama de compañía, había llegado a tener un poder casi omnímodo, pero habían bastado unas pocas horas para perderlo todo. Hasta su propia vida.

GERMANA DE FOIX

Óleo sobre tabla de autor desconocido (s. xv).
Real Academia de Bellas Artes de San Carlos, Valencia (España).

IV

Germana de Foix, la pasión prohibida del emperador

(1488-1538)

En noviembre de 1517, Carlos de Gante, el primogénito de Juana la Loca y Felipe el Hermoso, hizo su entrada en Valladolid como Carlos I de España. Tenía 17 años, una total inexperiencia en el gobierno, apenas sabía unas pocas palabras de castellano y lo acompañaba un numeroso ejército flamenco. No parecía, pues, que le esperara un porvenir demasiado halagüeño. Sin embargo ocurrió algo que, posiblemente, le hizo olvidar todo asomo de preocupación. Concretamente un encuentro que, aún programado, no dejó de sorprenderlo. En la ciudad le esperaba la viuda de su abuelo Fernando el Católico, la noble francesa Germana de Foix, y ante él no apareció la matrona que suponía, sino una hermosa mujer de veintinueve años. La combinación resultó explosiva: una joven viuda temperamental y coqueta y un muchacho recién salido de la adolescencia que, como buen hijo de sus padres, era enamoradizo y ardiente. La mecha prendió y una arrebatada pasión surgió entre ambos. De alguna forma, contra lo que era usual, la reina viuda pasó de soberana a convertirse en amante. Una amante, eso sí, secreta sobre la que planeaba —pese a la ausencia de consanguinidad— la sombra del incesto. Tal vez por eso hasta la historia ha guardado el mayor de los sigilos sobre la que fue la primera aventura galante del César en tierras españolas.

Germana —en realidad Úrsula Germana— era hija de Juan de Foix, conde de Etampes y vizconde de Narbona, y de su esposa María de Orleans, hermana de Luis XII de Francia. Contaba 18 años cuando, el 15 de marzo de 1506, en virtud del Tratado de Blois que sellaba la alianza franco-aragonesa, contrajo matrimonio con Fernando el Católico, viudo de Isabel de Castilla, que por entonces ya había cumplido más de cincuenta años. Era evidente que el matrimonio obedecía a intereses dinásticos y que tras él se encontraba la voluntad de Fernando de Aragón de mantener la independencia de su reino mediante el nacimiento de un heredero varón que impidiera al ambicioso Felipe de Habsburgo, más conocido como «el Hermoso», a hacerse con el trono aragonés como ya se había hecho con la corona de Castilla. Pero si ese era su propósito no lo consiguió ya que el único hijo de la pareja, Juan, falleció el 3 de mayo de 1509 a las pocas horas de nacer.

Germana no era, a decir de los cronistas, una belleza e incluso parece que cojeaba ligeramente pero era de carácter alegre, dada a la buena mesa —algo que a la larga le haría padecer obesidad mórbida—, amante de las fiestas y del baile e incluso terriblemente coqueta. En su *Crónica de los Reyes Católicos*, Prudencio de Sandoval la describe así: «Era la reyna poco hermosa, algo coxa, amiga de mucho holgarse y andar en banquetes, huertas y jardines, y en fiestas. [...] Pasábansele pocos días que no convidase o fuese convidada». No hay que dudar, pues, de que poseía un carácter abierto y festivo que, posiblemente, dio lugar a algún que otro malentendido. Por ejemplo, se sabe que Antonio Agustín, vicecanciller del reino aragonés, fue encarcelado en Simancas «por haber requerido de amores a la reina Germana.» Posiblemente fue su voluptuosidad la que, a la larga, fue causa indirecta de la muerte de un Fernando el Católico que, achacoso[15], no podía emular la condición galante de que disfrutó en su juventud, ni seguir

---

[15] No hay que olvidar que pasar de la cincuentena en el siglo XV ya se consideraba una edad avanzada.

en la fiesta, en la mesa o en la cama el ritmo de su esposa. De ahí que, en las temporadas que pasaban juntos[16], ingiriera diversos brebajes de carácter afrodisíaco[17] que acabaron con su vida el 23 de enero de 1516.

Fue entonces cuando la vida de Germana cambió definitivamente. A la muerte de Fernando el Católico, la reina viuda se retiró al Monasterio de Guadalupe y, desde allí, renunció a cualquier derecho sobre Navarra, aún contra los intereses de su familia francesa que veía en ese territorio la plataforma ideal para controlar el norte peninsular. Cedió asimismo a Carlos I sus dominios en el sur de Francia y todas las tierras y rentas de Italia, ahora bajo su potestad y que habían pertenecido a la Corona de Aragón. Luego, salió al encuentro del nuevo rey que unía en su persona los reinos de Castilla y Aragón con todas sus posesiones.

El futuro emperador llegaba a la península muy bien predispuesto hacia la viuda de su abuelo. El mismo Fernando le había escrito, poco antes de morir, que: «...vos miraréis por ella y la honraréis y acataréis, para que pueda ser honrada y favorescida de vos y remediada en todas sus necesidades...» y él estaba dispuesto a cumplirlo. Tal vez por ello le cedió las villas y rentas de Arévalo, Olmedo y Madrigal, ante el escándalo de los castellanos por las connotaciones sentimentales que dichas posesiones tenían con la fallecida reina Católica.

El primer y decisivo encuentro entre ambos tuvo lugar en las inmediaciones de Valladolid. Germana salió al paso de la comitiva real acompañada de un nutrido séquito y cuando quiso inclinarse ante el rey, este no se lo consintió. El cronista flamenco Laurent Vital, en su *Premier voyage de Charles Quint en Espagne* asegura que «cuando

---

[16] Fernando el Católico realizaba múltiples desplazamientos ocupado en diferentes empresas italianas y norteafricanas. De la consideración que sentía hacia su esposa baste decir que, entre 1507 y 1516, Germana fue nombrada lugarteniente general del reino de Aragón, con poder para convocar Cortes generales en todo el territorio.

[17] Se supone que se trataba de infusiones de cantáridas.

estuvo cerca, Carlos la besó y la saludó, y la Princesa quiso descender de su mula, pero el Rey no lo quiso permitir...»[18] El cronista señala también que entre el séquito se hallaba una dama por la que Carlos pareció sentirse atraído de inmediato, pero no da más datos. El propio Carlos, en enero de 1518, así lo corrobora cuando escribe a su amigo el conde de Nassau, sobre la existencia de una dama que era muy de su agrado.

Sin duda se trataba de Germana. La viuda de su abuelo supo descubrir al joven flamenco todo un mundo de erotismo al tiempo que se establecía entre ambos una gran complicidad política. Ella aportaba experiencia en ambos terrenos, él juventud y entusiasmo. Les unía, además, la lengua. Carlos apenas sabía castellano. Su lengua materna era el francés, idioma en el que hablaba con sus colaboradores. A su lado, pues, Germana pudo recuperar la lengua en la que había crecido y mucho de la juventud perdida junto a un esposo treinta y cinco años mayor que ella.

Pero se imponía la discreción y, para conseguir que el romance no trascendiera los muros de palacio, se construyó entre las residencias de ambos un puente de madera que permitía al joven rey visitar a su amante o ser visitado por ella sin ser vistos. La misma discreción que, poco después, obligó a desterrar a un convento castellano al fruto de aquella pasión secreta y prohibida.

En 1518, Germana de Foix dio a luz una hija. El nacimiento fue guardado en secreto y pasó casi desapercibido para la historia de no ser por el erudito Manuel Fernández Álvarez, quien lo sacó a la luz en su *Corpus documental de Carlos V*. Según parece, la niña fue educada en la corte castellana sin alharaca alguna y solo se le concede el título de infanta[19] en el testamento de su madre (1536) cuando le deja en herencia la mejor de sus joyas: «Ittem, legamos y dexamos

---

[18] «*Quand il se trouva prés, il la baisa et salua, et icella Princesse voulut descendee de sa mulle, mais le Roy ne le volut souffrir...* «
[19] Título al que no tenía derecho puesto que era hija ilegítima.

aquel hilo de perlas gruesas de nuestra persona, que es el mejor que tenemos, en el cual hay ciento y treinta y tres perlas, a la serenísima doña Isabel, Infanta de Castilla, hija de la Majestad del Emperador, mi señor e hijo, y esto por el sobrado amor que tenemos a Su Alteza». Es más, cuando la copia del testamento se remite a la Emperatriz Isabel, esposa de Carlos I, por el duque de Calabria, viudo de Germana, se insiste en que la niña era hija de su difunta esposa: «Con esta irá la copia del dicho testamento autenticada, porque por ella vea Vuestra Majestad el legado de las perlas que deja a la Serenísima infanta doña Isabel, su hija.».

A partir del nacimiento de la niña, como si ambos fueran conscientes de haber ido demasiado lejos, la relación sentimental entre Carlos y Germana se rompió. En 1519, tal vez para acallar maledicencias, Carlos casó a Germana de Foix con el marqués de Brandenburgo y destinó a ambos a la ciudad de Valencia concediéndole a Germana el cargo de virreina y lugarteniente del reino levantino.

Pero el matrimonio fue breve. En 1525, Germana volvió a enviudar. Carlos estaba entonces a punto de casarse con la hermosísima Isabel de Avis, su prima hermana[20]. Tal vez para alejar tentaciones concertó un nuevo matrimonio para su antigua amante que se celebró dos meses después que el suyo, en la misma ciudad de Sevilla, concretamente el 13 de mayo de 1526. En esta ocasión el elegido fue Fernando de Aragón, duque de Calabria (1488-1550), hijo del rey de Nápoles Federico I.

El nuevo matrimonio recibió el nombramiento de virreyes de Valencia. Allí residió Germana los diez últimos años de su vida, una época dorada en la que ambos esposos, amantes de las artes y las letras, crearon una auténtica corte renacentista al modo italiano. Poetas, pintores, y músicos hicieron de Valencia un foco de irradiación cultural único en la España de su tiempo. Germana ya se había convertido por

---

[20] Eran hijos respectivamente de Juana (Carlos) y María (Isabel), ambas hijas de los Reyes Católicos.

entonces en una oronda matrona pero no por ello dejó de estar presente la picardía en su vida. Así al menos lo demuestran los versos del poeta Juan Fernández de Heredia (1480-1549) que responde así a las quejas de la virreina ante la «comezón» que siente:

> Si el mal que su Alteza tiene
> es como es de calor,
> tome al Duque por doctor
> que le ordene
> que él mismo se desordene
> para curalle mejor.
> Comezón de tal manera,
> yo digo, con mi simpleza,
> que si estuviera
> dentro el mal, como de fuera,
> por más doliente tuviera
> al Duque que a vuestra Alteza.

La vida de Germana de Foix se extinguió el 15 de octubre de 1536 en su palacio de Liria, Valencia. Había sido la última reina de Aragón pero, sobre todo, la pasión prohibida y secreta de un Emperador.

VERÓNICA FRANCO

La dama que descubre un seno posible retrato de Verónica Franco.
Óleo sobre lienzo por Doménico Tintoretto (1560-1635).
Museo del Prado, Madrid (España).

V

Verónica Franco,
La «cortesana honesta»

(1546-1591)

No fue amante de un rey más que de forma esporádica pero, aun así, merece un lugar de honor en la historia galante de las monarquías. Verónica Franco fue, junto con muchas otras mujeres cultas y refinadas de su época, uno de los mayores y mejores exponentes de la evolución del papel social de la mujer en el Renacimiento y el arquetipo por excelencia de las *cortigiane oneste*, es decir, las cortesanas honestas.

El Renacimiento había proporcionado a la mujer una cierta cota de libertad. La exaltación del individuo como eje de la sociedad y dueño de la creación alcanzó también, aunque con determinados condicionantes, a las mujeres. De hecho, desde la Baja Edad Media se alzaron voces que reclamaban para la mujer la formación que le permitiera ocupar un lugar en el mundo de la ciencia, la cultura y las artes. Reivindicaciones que apoyaron pensadores renacentistas como Juan Luis Vives o Erasmo de Rotterdam quienes escribieron manuales pedagógicos dirigidos a la educación de las niñas o que incluso se pronunciaron valientemente con argumentos que hoy calificaríamos de feministas. Así, Tomás Moro abordó en su *Utopía* temas como el divorcio, la posibilidad del sacerdocio femenino, o la igualdad de hombres y mujeres en la administración de los bienes.

El XV y el XVI fueron los siglos de Catalina Sforza, Vittoria Colonna o Lucrecia Borgia que compitieron en tierras italianas con los hombres en talento político, cultura e incluso valor físico. Pero con ellas, especialmente en la refinada Roma o en la rica Venecia, compartieron espacio y vida las llamadas *cortigiane oneste*. Es decir aquellas meretrices que unían a su belleza y distinción, una amplia cultura e incluso un cierto dominio de las artes y las letras, cualidades que les permitía actuar como auténticas compañeras de los varones no solo en el sexo sino en la conversación y en la mesa. Por decirlo en palabras de Pietro Aretino «Venus se había convertido en mujer de letras». Evidentemente, estas mujeres refinadísimas, cultas y dotadas de grandes cualidades para la vida social, eran una excepción en el mundo de la prostitución en el que reinaba la sordidez habitual. Por ejemplo, en Venecia habían más de tres mil meretrices censadas, pero solo unas doscientas eran consideradas *cortigiane oneste*. Doscientas mujeres privilegiadas que gozaban de una libertad, una autosuficiencia y un acceso a la cultura que estaba vedado tanto a las mujeres del pueblo llano, como a las hijas y esposas de las grandes familias de la aristocracia y la burguesía. Inspiraron a artistas y poetas, fueron refinadas, amantes del lujo y de los placeres, pudieron escribir o pintar y desempeñaron un papel nada desdeñable en la Italia de su tiempo. Hasta nuestros días han llegado muchos nombres —Imperia que inspiró a Rafael Sanzio su cuadro *La ninfa Galatea*, las poetisas Tullia d'Aragona o Gaspara Stampa,...— pero entre todas destaca Verónica Franco.

Había nacido en Venecia en el año 1546, en el hogar de Francesco Maria Franco, un veneciano perteneciente a los «ciudadanos», la clase social que hoy llamaríamos «clase media», y de Paola Fracassa, una famosa cortesana que, al casarse, abandonó su antiguo oficio. La muerte temprana del padre llevó a Paola a regresar a su lucrativa profesión y es probable que, puesto que Verónica era la mayor de sus hijas, la iniciara en el oficio y lo ejercieran coetáneamente. Ambos nombres aparecen en la edición de 1572 de la *Tariffa delle puttane* el libro donde están catalogadas las doscientas quince cortesanas de mayor prestigio de Venecia con sus respectivas tarifas. En este caso, el importe era el mismo en ambos casos: dos escudos por noche, si bien se dice que, años más tarde, un beso de Verónica se valoraba en quince escudos y en cincuenta, una velada completa en su compañía.

Paola había intentado dar a su hija una vida honorable, de ahí que concertara su matrimonio cuando solo contaba dieciséis años. El elegido fue Paolo Panizza, un médico aficionado al juego y a la bebida que solo reportó a su joven esposa grandes sufrimientos. Tantos que, en 1564, con solo dieciocho años y embarazada de su primer hijo, Verónica tomó una decisión insólita para la época: separarse de su esposo, reclamar su dote y hacerse con las riendas de su propia vida, aunque para ello tuviera que prostituirse. No lo tenía difícil. Su mayor activo era su belleza —tez muy blanca y cabellera rojiza, ojos claros y facciones finas— pero no había que despreciar su inteligencia. Estudió sin descanso, aprendió formas y usos sociales y no tardó en convertirse en la más admirada cortesana de la ciudad. Tintoretto (1518-1594) la retrató en varias ocasiones[21] cuando ya era una de las más prestigiadas cortesanas de Venecia. Las *cortigiane oneste* gozaban del privilegio de poder elegir a sus amantes y Verónica los escogía sistemáticamente en base a su clase social, dinero, educación y sobre todo cultura, lo que le permitió codearse con los mayores poderes fácticos de la ciudad.

No es de extrañar, pues, que en el verano de 1574, cuando Enrique de Valois anunció su próxima presencia en Venecia, la Señoría veneciana recurriera a los servicios de Verónica Franco. La muerte súbita de su hermano Carlos IX, rey de Francia, había obligado a Enrique de Valois[22] a abandonar su rango de soberano electo de Polonia y trasladarse a París para ser entronizado como Enrique III. Venecia precisaba

---

[21] *La dama que descubre su seno, Danae, Retrato de una dama....*
[22] Enrique era el cuarto varón y sexto hijo de Enrique II de Francia y Catalina de Médicis. En 1573, la delicada situación en la que se hallaba Polonia a la muerte sin sucesión de Segismundo II Jagellón obligó a los polacos a garantizarse el apoyo francés contra Rusia —siempre deseosa de anexionarse el territorio vecino— a cambio de elegir a Enrique de Valois como su soberano. Ocupó este trono apenas unos meses ya que la muerte de su hermano Carlos IX le convirtió en rey de Francia.

de la alianza gala y nada mejor para conseguirla que hacer inolvidable la estancia del futuro rey en la ciudad de San Marcos. La Señoría se dispuso a recibir al ilustre huésped sin escatimar gastos. Se organizaron conciertos en San Marcos a cargo del célebre organista Andrea Gabriela; Palladio, el mayor arquitecto de la época dispuso un arco triunfal en el Lido, y el Dux tenía previsto ofrecer al ilustre visitante un banquete de tres mil cubiertos, pero tal derroche aún no parecía suficiente. Así que se decidió ofrecerle un regalo en exclusiva: disfrutar durante una noche de la compañía de Verónica Franco, la más bella, culta y refinada ciudadana de Venecia.

Tenía, pues, todas las cualidades para ser la mejor anfitriona del futuro rey de Francia en su visita a Venecia y lo fue. Eso, pese a que los ilustres ciudadanos de Venecia no habían contado con que la condición sexual del rey no parecía augurar que el «regalo» fuera de su agrado. A Enrique de Valois se le conocían diversos jóvenes favoritos que lo acompañaban por París vestidos de mujer y de su matrimonio con Luisa de Lorena no tuvo descendencia. Pero lo cierto es que también se le conocieron amantes como Louise de La Béraudière du Rouhet, Françoise Babou de La Bourdaisière y Renée de Rieux de Chateauneuf. En cualquier caso, aunque se ignora cuál fue el nivel de intimidad que se dio entre el monarca y la cortesana, lo cierto es que este se mostró tan satisfecho de la velada que, desde ese momento, la Señoría contó con la alianza francesa y Verónica mejoró su posición en las altas esferas venecianas.

Por entonces, Verónica Franco había iniciado su carrera literaria. Contaba con la amistad de Domenico Venieri, un célebre petrarquista, que influyó grandemente en su carrera. Mantenía relaciones simultáneas con dos sobrinos del mismo, Marco y Maffeo. La diferencia entre ambos es que, mientras que el primero fue el gran amor en la vida de Verónica, Maffeo acabó por convertirse en su mayor enemigo. Las diferencias se iniciaron cuando este dedicó a la cortesana unos ofensivos versos que circularon libremente por toda Venecia y que tituló *Verónica, vera unica puttana* («Verónica, la única y verdadera puta»). Pero, demostrando una gran inteligencia, en vez de darse por ofendida, le retó públicamente a un duelo poético en dialecto veneciano del cual salió vencedora y plenamente consagrada como poeta. Tanto que, en 1574, publicó sus *Terze Rime* (Trece rimas) y, un año más tarde, participó en la antología *Rime di diversi eccellentissimi auttori nela morte dell llustre Signore Estor Martinengo* (Rimas de diversos y excelentísimos autores en la muerte del ilustre señor Estor Martinengo), un compendio poético en honor de un joven aristócrata de Brescia que murió prematuramente.

Instalada en un hermoso palacio en Santa Maria Formosa, Verónica Franco convirtió su residencia en un auténtico ateneo donde se reunían músicos, pintores y nobles, y donde, además de gustar de placeres mucho más terrenales, se disfrutaba de conciertos, debates filosóficos y lecturas de poesías. Uno de sus más ilustres visitantes fue Michel de Montaigne quien, en 1580, recaló en Venecia con motivo de un largo viaje en el que recorrió Francia, Suiza e Italia buscando remedio a su litiasis crónica. El 7 de noviembre, según cuenta, el propio escritor, cenó con Verónica y recibió como obsequio un pequeño volumen que ella misma había editado bajo el título de *Lettere familiari e diversi* (Cartas íntimas y variadas). En él se recogía su correspondencia con diversos personajes de la época y constituye un testimonio único de los usos y costumbres de la Venecia del Cinquecento.

Pocos meses después, la cómoda vida de Verónica Franco terminó. Rodolfo Vannitelli, preceptor de uno de sus cuatro hijos —había dado a luz en seis ocasiones pero solo cuatro de sus hijos superaron la primera infancia— y, posiblemente, amante despechado, la denunció al Santo Oficio acusándola de falta de celo religioso y práctica de la hechicería. Encarcelada en la prisión de la Serenísima, de poco le sirvieron sus excelentes relaciones con la curia veneciana que le permitieran salir exculpada. Aunque salió absuelta, el proceso marcó su declive definitivo y la pérdida de la práctica totalidad de sus bienes.

Poco o nada se sabe de los últimos años de su vida. Retirada en su mansión, medió ante las autoridades venecianas para conseguir la creación de un asilo donde acoger a cortesanas enfermas o ancianas, y enseñar un oficio a quienes desearan retirarse de la profesión. Es probable, asimismo, que trabajara en nuevas obras literarias que, lamentablemente, no se conservan. Solo una escueta nota en el registro del Magistrado alla Sanitá del 22 de julio de 1591 informa que «la Signora Verónica Franco ha fallecido de fiebres a la edad de cuarenta y cinco años».

Su muerte fue el canto del cisne de la edad de oro de las cortesanas venecianas. Unas mujeres fuertes, libres, instruidas y sensuales que, en palabras de la propia Verónica Franco, estaban «condenadas a comer con boca ajena, dormir con ojos ajenos y moverse según los deseos ajenos». Posiblemente su delito había sido adelantarse a su época.

DIANA DE POITIERS

Diana de Poitiers en el baño por François Clouet (1515-1572). National Gallery of Art, Washington D.C. (EE. UU.).

VI

Diana de Poitiers,
el encanto de la madurez

(1499-1566)

El 17 de marzo de 1526, a orillas del Bidasoa, la corte francesa en pleno se disponía a ser testigo del intercambio pactado en el Tratado de Madrid. Por el mismo, Francisco I de Francia recobraba su libertad tras la batalla de Pavía y, a cambio, entregaba al emperador Carlos V a sus dos hijos, Francisco y Enrique, en calidad de rehenes. Este último, un niño de apenas siete años, parecía terriblemente asustado. No comprendía lo que sucedía, solo sabía que iban a apartarlo de los suyos y a llevarlo lejos de su tierra. Su miedo, su soledad, su desamparo no parecía importar a nadie. A nadie, excepto a la esposa del senescal de Normandía, una mujer veinte años mayor que él, que se acercó al pequeño, lo abrazó y lo besó. Enrique nunca olvidaría aquel beso, el primero de la larga lista que, a lo largo de su vida, iba a recibir de aquella hermosa y conmiserativa dama. Se llamaba Diana de Poitiers e iba a ser la mujer de su vida.

Había nacido en el castillo de Saint-Vallier (Drôme, Francia) el 3 de septiembre de 1499. Era hija de Jean de Poitiers, Conde de Saint-Vallier, y de su esposa Juana de Batarnay. Educada en medio de un gran refinamiento y dueña de una considerable formación cultural, acababa de cumplir los quince años cuando su padre decidió casarla con Louis de Brézé, gran senescal —un cargo similar al de virrey— de Normandía, y nieto de Carlos VII y de otra hermosa y legendaria dama, su favorita Agnès Sorel.

Sin duda era una boda muy conveniente para el señor de Saint-Vallier, pero no tanto para su joven hija puesto que el flamante marido la aventajaba en más de cuarenta años. No obstante, contra los vaticinios de unos y para el asombro de otros, Diana fue una esposa fiel y abnegada que, tras enviudar en 1531, adoptó el negro, el blanco y el gris como únicos colores para su vestuario en homenaje al que había sido su esposo y padre de sus dos hijos. Tal vez por esta conducta intachable se le permitió conservar los cargos de su difunto marido, y el título de *Sénéchale de Normandie*. Por entonces, Diana ya llevaba tiempo introducida en la corte. La posición de su marido le había permitido convertirse en dama de compañía de Claudia de Francia, primera esposa de Francisco I, de Luisa de Saboya, duquesa de Angulema y, a partir de 1530, de Leonor de Austria[23], la futura esposa del rey, cuya llegada desde Madrid en compañía de los dos pequeños príncipes que un día despidiera a orillas del Bidasoa era inminente.

Habían pasado cinco años desde aquel beso de despedida y el pequeño Enrique ya había cumplido los doce. Pero, por lo visto, no había olvidado el gesto de Diana y durante las justas celebradas en honor de Leonor de Habsburgo, su futura madrastra, inclinó su estandarte ante Diana como homenaje a la hermosa esposa del senescal. Poco después, el matrimonio de Brézé se convirtió en anfitrión de los reyes y de sus hijos en sus posesiones de Anet en Dreux, no lejos de París.

Una estancia festiva en el transcurso de la cual algunos autores defienden que entre Francisco I de Francia y Diana surgió si no el amor, si la chispa de la pasión. Apunta en esta dirección el perdón obtenido, al pie del cadalso, por el padre de Diana tras su implicación en una conjura contra el rey, pero tampoco existen pruebas fidedignas que permitan confirmar la existencia de una relación amorosa entre

---

[23] Hermana de Carlos I de España y V de Alemania.

la entonces *madame* de Brézé y el monarca galo. Sin embargo, sí que las hay de que fuera el propio rey quien pidió a Diana que animara a su pequeño Enrique, un muchacho atlético, apuesto y hábil, pero de carácter triste y taciturno a quien apodaban «el bello tenebroso». Los cinco largos años de cautiverio en Madrid había oscurecido el temperamento del joven príncipe. De ahí que, aún con todas las condiciones necesarias para disfrutar de la vida, Enrique fuera un muchacho retraído, poco amigo de las fiestas y sempiternamente triste. Francisco I supo intuir cómo curarle de los males que oscurecían su alma y Diana se convirtió en su mejor medicina. Cumpliendo las órdenes del rey, se aprestó a convertirse en la «dama» del melancólico príncipe. Es decir, al estilo de los libros de caballerías y según la moda cortesana, inició una relación en la que ella encarnaba el amor puro y desinteresado para su caballero, sin que mediara entre ellos relación física alguna.

Francisco I, además, lo tenía todo previsto. Por si la tentación era demasiado fuerte para el joven príncipe, en 1533 decidió casarlo con una jovencita italiana de su misma edad llamada Catalina de Médicis. Una muchacha, hija de Lorenzo II de Médicis, a quien si ya deslumbró la perspectiva de ser princesa de Francia, creyó vivir un sueño cuando, en 1536, la muerte de su cuñado Francisco, convirtió a Enrique en Delfín de Francia y, en consecuencia, le abrió el camino al trono.

Pero de poco sirvió la precaución del rey. La pasión entre Enrique y Diana se desbordó y su platónica relación no tardó en pasar a mayores. Pese a la diferencia de edad, Diana a sus cuarenta años continuaba siendo una mujer de una enorme belleza y un gran poder de seducción que tenía totalmente subyugado al joven príncipe que apenas si rozaba la veintena. Enrique se entregó a Diana por completo. Más que amor puede hablarse de fascinación: tomó los colores (los célebres blanco, negro y gris) de su dama, firmaba con dos medias lunas entrelazadas —Diana era, en la mitología romana, la personifi-

MARÍA PILAR QUERALT DEL HIERRO

cación de la luna— y no había situación política o diplomática en la que no le pidiera consejo.

Su joven esposa, entretanto, languidecía. Cierto que no era una mujer extremadamente bella, pero sí inteligente y preparada. Era, además, sensata y ambiciosa. Su sentido común, pues, le avisaba de que su posición peligraba: en más de siete años de matrimonio aún no había conseguido dar un hijo al todavía Delfín, pero este tenía una bastarda de una relación esporádica con una bella piamontesa. Si se demostraba que ella era estéril, bien podía el Papa anular el matrimonio. Tal posibilidad no convenía a ninguna de las dos mujeres del príncipe Enrique. A su esposa, porque le acarrearía perder su estatus de futura reina; a su amante, porque la sucesora de Catalina podía no aceptar una situación que la permitía permanecer en la corte al lado de su amado. Así pues, lo mejor para ambas era aliarse.

Entre esposa y amante se estableció, pues, un pacto tácito que las hacía «odiarse cordialmente». Evidentemente el papel más desairado tocaba a Catalina por cuanto sus poderes fácticos se veían limitados a recibir los honores de la corte y, desde que Diana le envió a médicos de su confianza, a parir un hijo tras otro hasta darle al monarca diez vástagos, pero en ningún caso, le permitió tener la más mínima influencia sobre su marido, ni mucho menos conseguir su amor. Posiblemente la sagaz italiana confiaba en que el tiempo pondría las cosas en su sitio y acabaría con la legendaria belleza de Diana que, por si fuera poco, veía multiplicada en las estancias palaciegas en una infinidad de estatuas, cuadros, y alegorías que utilizando la imagen de la diosa cazadora cuyo nombre portaba la favorita, invadía todas las residencias reales.

La muerte de Francisco I aumentó las diferencias. Enrique, ya rey, se volcó en llenar a su amante de halagos, alhajas, posesiones... Entre ellas, una de las «joyas» de la corona: el castillo de Chenonceaux que la favorita se ocupó de engalanar, ampliar y remodelar a su gusto.

Tantas y tan ostentosas fueron las donaciones del rey a Diana que François Rabelais[24] no dudó en exclamar:

—¡El rey ha colgado campanas de oro del cuello de su mula!

Convertida en duquesa de Valentinois por prerrogativa real, la influencia de Diana no conoció límites. Situó a sus amistades en puestos clave del gobierno, influyó en la orientación de la política exterior e incluso se ocupó de la educación de los hijos del rey y de Catalina nombrando para ayo de los príncipes a su primo el señor D'Humières. Católica ferviente no tardó en emprender una cruzada casi personal contra los hugonotes... Si bien el hecho de que todas las propiedades que les fueron incautadas pasaran a ser de su propiedad, permite albergar más de una duda razonable sobre la sinceridad de su fe.

El rey pasaba junto a su favorita la mayor parte de su día. Por entonces, Diana había cumplido ya los sesenta años pero seguía manteniendo una considerable belleza y, sobre todo, un porte distinguido y una elegancia en sus modos que permitía que su presencia, a pesar de lo irregular de su situación, no fuera ofensiva para nadie en palacio. Los artistas la tomaban por modelo, los poetas la cantaban, los cortesanos buscaban su compañía... sin tener en cuenta los celos cada vez mayores de la reina que, aún resignada a saber que la favorita era dueña del amor de su marido, no toleraba su preeminencia en palacio. Los celos de Catalina de Medici llegaron a ser enfermizos. Se dice que llegó a idear un sistema para poder ver sin ser vista lo que sucedía en la alcoba de Diana cuando el rey la visitaba. La consecuencia de las sesiones de espionaje eran auténticos ataques de real ira mixturados con llantos e improperios contra la favorita.

Pero nada podía hacer para separar a los amantes. Enrique II de Francia, pese a los años transcurridos, continuaba absolutamente fascinado por Diana. Como escribió Joachim du Bellay (1522-1560), fundador del grupo poético de La Pléade, a la duquesa de Valentinois:

---

[24] François Rabelais (1494-1553) escritor, médico y humanista francés creador, entre otros, de los personajes de Gargantúa y Pantagruel.

Habéis aparecido
como un milagro entre nosotros
para que de este gran rey
pudierais poseer el alma.

En manos de Diana, Enrique II llevaba una vida galante, rodeado de artistas y hombres de letras, practicando la caza y organizando justas en las que rendir sus armas a los pies de su dama. Precisamente, en el transcurso de una de ellas, el 30 de junio de 1559, tras celebrarse el matrimonio por poderes de su hija Isabel de Valois con Felipe II de España, el monarca portando los colores de Diana se enfrentó al capitán de la guardia escocesa, Gabriel de Montgomery. En un envite inesperado, la lanza del escocés se hundió en la cuenca del ojo del rey. Una terrible agonía de diez días puso fin a la vida del monarca, a su historia de amor y a la felicidad de Diana de Poitiers.

Había llegado la hora de Catalina de Médici. No permitió que *Madame* —como se llamaba a Diana en palacio— entrara en las habitaciones del moribundo. Solo ella permaneció a la cabecera del rey y solo ella dispuso sus funerales. Es más, la favorita hubo de conformarse con ver pasar el cortejo fúnebre desde su ventana. Luego, Catalina de Medici le exigió que devolviera las joyas, el dinero, la mayoría de sus posesiones y, entre estas, su preciado castillo de Chenonceaux. En compensación, la reina le concedió el castillo de Chaumont, en el que también había pasado momentos felices, pero apenas lo visitó desde la muerte del rey.

Hundida, triste, y derrotada, Diana se retiró a su castillo de Anet el mismo que, apenas enviudar del senescal de Brézé, había hecho decorar como un templo a su persona utilizando el *leit motiv* de Diana cazadora. Era el lugar donde ella y su esposo habían acogido un día ya lejano a la familia real y donde se había convertido en la «dama» de un joven caballero llamado Enrique. Allí falleció, perdida en sus recuerdos, el 25 de abril de 1566.

ANA BOLENA

Ana Bolena. Óleo sobre tabla anónimo del siglo XVI.
National Portrait Gallery, Londres (Reino Unido).

Fiestas venecianas. Óleo sobre lienzo por Jean Antoine Watteau (1684-1721).
National Gallery of Scotland, Edimburgo (Reino Unido).

La vicaría. Óleo sobre tabla por Mariano Fortuny (1838-1874). MNAC Museu
Nacional d'Art de Catalunya, Barcelona (España).

Dos pioneras de las reivindicaciones feministas: Mary Wollstonecraft (arriba) en un retrato realizado hacia 1797 por John Opie (1761-1807), y Olympe de Gouges (abajo), óleo de Alexander Kucharski (1741-1819).

Rosine Stolz (1815-1903) y Gilbert Duprez
(1815-1903) en el Acto IV de *La favorita* de
Gaetano Donizzeti (1797-1848) cuyo libreto,
obra de Eugène Scribe (1791-1861), se inspira en los amores de Leonor de Guzmán y
Alfonso XI de Castilla. Grabado del siglo XIX.

Presunta efigie de Leonor de Guzmán en la
catedral de León.

Leonor de Guzmán, recreación
contemporánea conservada en
el Alcázar de la Reina de
Carmona (Sevilla).

Ruinas del alcázar de Talavera de la Reina donde fue asesinada
Leonor de Guzmán.

Fernando de Portugal y Leonor Teles de Meneses. Escultura contemporánea frente al monasterio de Leça do Balio, Matosinhos (Portugal) donde contrajeron matrimonio.

Fernando I de Portugal. Óleo sobre tabla de autor anónimo (s. XIV).

Blasón de los Meneses en la Sala de los Blasones del Palacio real de Sintra (Portugal).

Ruinas del Monasterio do Carmo en Lisboa (Portugal), uno de los escasos restos arquitectónicos que sobrevivieron al terremoto que asoló la ciudad en 1755.

Sepulcro de Beatriz de Portugal (1373-1420), hija de Fernando I y Leonor Teles de Meneses en el Monasterio del Sancti Spiritus. Toro (Zamora).

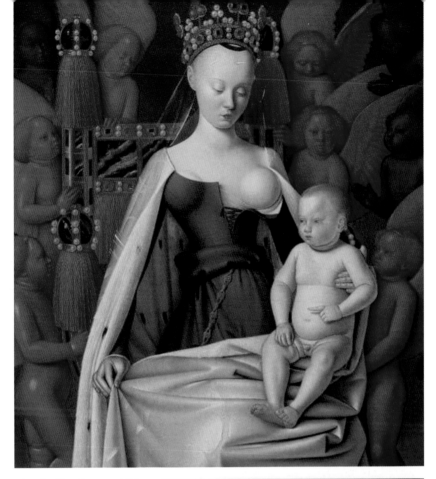

Agnès Sorel como *Nôtre Dame de Melun*. Óleo sobre tabla por Jean Fouquet (1420-1480). Musée des Beaux Arts, Amberes (Bélgica).

Retrato de Agnès Sorel. Óleo sobre tabla por Jean Fouquet (1420-1480). Château Royal de Loches (Francia).

Mausoleo de Agnès Sorel en la capilla del Château Royal de Loches (Francia).

Agnès Sorel. Dibujo de Jean Fouquet (1420-1480). Cabinet des Étampes, Bibliothèque Nationale, París (Francia).

Máscara mortuoria de Agnès Sorel. Reconstrucción a cargo del Dr. Philippe Charlier. Hospital Raymond Poncarè, París (Francia).

Germana de Foix. Óleo sobre tabla de autor desconocido (s. xv). Real
Academia de Bellas Artes de San Carlos, Valencia (España).

(*Izquierda*) Fernando el Católico. Óleo sobre lienzo de autor anónimo (s.XVI) Palacio de los Condes de Gabia, Diputación de Granada (España).

(*Derecha*) Felipe el Hermoso. Óleo sobre tabla atribuido al Maestro de la Leyenda de la Magdalena (1480-1537).

Duque de Calabria

El joven Carlos I (*Izquierda*). Óleo sobre tabla por Bernard Van Orley (1491-1542).
Musée du Louvre, París (Francia). (*Derecha*) Fernando de Aragón, duque de
Calabria. Mosaico. Viver, Castellón.

Monasterio de San Miguel de los Reyes en Liria (Valencia), mandado construir por el
duque de Calabria, donde está sepultada Germana de Foix.

La dama dei gelsomini, posible retrato de Caterina Sforza (*izquierda*). Óleo sobre lienzo por Lorenzo Credi (1460-1537) Musei Sa Domenico, Forli (Italia

Vittoria Colonna (*derecha*). Óle sobre lienzo por Sebastiano d Piombo (1485-1547). Galeri Borghese, Roma (Italia

(*Derecha, abajo*) Supuesto retrato d Lucrecia Borgia por Bartolome Veneto. Städel Museum, Frankfu (Alemania

El triunfo de Galatea. Pintura al fresc por Rafael Sanzio (1483-1520) en Vill Farnesina. Roma (Italia).

La dama que descubre un seno, posible retrato de Verónica Franco (*arriba*). Óleo sobre lienzo por Doménico Tintoretto (1560-1635). Museo del Prado, Madrid (España).

Retrato de una dama, posiblemente Verónica Franco. (*abajo*) Óleo sobre lienzo por Doménico Tintoretto (1560-1635).Worcester Art Museum, Massachussets (EE. UU.).

Dibujo previo a un retrato de Diana de Poitiers, obra de François Clouet (1516-1572). Colección Anne & Jacques Baruch, Cincinatti Art Museum (EE. UU.).

Diana de Poitiers en el baño por François Clouet (1515-1572) National Gallery of Art, Washington D.C. (EE. UU.).

LA·GRANT·SENECHALLE

Diana de Poitiers califi-
cada de «La
ran senescala»
(izquierda).
Dibujo de autor
anónimo (s.XVI).
Cabinet des
tampes, Biblio-
thèque Na-
tionale, París
(Francia).

Diana de
Poitiers. Óleo
sobre tabla
atribuido a la
Escuela de
Fontainebleau
s.XVI). Château
de
Fontainebleau
(Francia).

Probable retrato
de Diana de
Poitiers.
Atribuido a la
escuela de
François Clouet
(1516-1572).
Chateaux de
Chenonceaux
(Francia).

Retrato de Diana de Poitiers tocada con el emblema de la doble luna. Óleo sobre tabla anónimo (s.XVI). Chateaux de Chenonceaux (Francia).

El baño de Diana. Óleo sobre tabla por François Clouet (1516-1572). Musée des Beaux-Arts, Rouen (Francia).

Diversos retratos de Ana Bolena.
(*Arriba a la izquierda*) Recreación
atribuïda a John Hoskins (¿-1664);
rriba derecha, óleo de autor anónimo
ue se cree la más fiel representación
de la reina (National Portrait Gallery,
Londres, Reino Unido). (*Abajo
quierda*) Óleo sobre tabla atribuido a
ucas Horenbout, Wallace Collection,
Londres (Reino Unido).

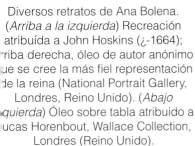

Enrique VIII. Óleo sobre lienzo por
Joos van Cleve (1485-1540). The
Royal Collection, Londres (Reino
Unido).

Ana Bolena. Grabado por Wenceslao Hollar (1607-1677). National Portrait Gallery, Londres (Reino Unido).

ANNA BVLLEN REGINA ANGLIÆ

Henrici VIII.ª Vxor. 2.ª Elizabethæ Reginæ
Mater, fuit decollata, Londini, 19 May, A. 1536.

Plano de la Torre de Londres. Grabado anónimo del siglo XVII.

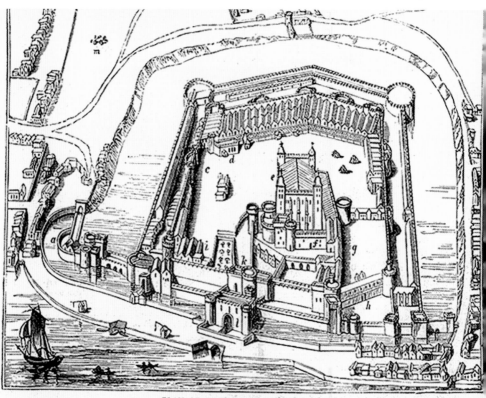

PLAN OF THE TOWER OF LONDON.

a. Lion's Tower.
b. Bell Tower.
c. Beauchamp Tower.
d. The Chapel.

j. The Keep, or White Tower.
f. Jewel House.
g. Queen's Lodgings.

h. Queen's Gallery and Garden.
i. Lieutenant's Lodgings.
k. Bloody Tower.

l. St. Thomas' Tower, and Traitor's Gate.
m. Place of Execution on Tower-hill.

La ejecución de Ana Bolena en la Torre de Londres según dos grabados
de los siglos XVI (*arriba*) y XVII (*abajo*).

(Izquierda, arriba) Danae recibiendo la lluvia de oro, óleo sobre lienzo por Tiziano Vecellio (1490-1576). Museo del Prado, Madrid. (*Izquierda, abajo*) Felipe II a caballo (detalle). Óleo sobre lienzo por Peter Paul Rubens /1577-1640). Museo del Prado, Madrid (España).

Doble panorámica del palacio de Isabel de Osorio en Saldañuela (Burgos).

Venus y Adonis.
Óleo sobre lienzo
por Tiziano Vecellio
(1490-1576).
Museo del Prado,
Madrid.

Ejecutoria del pleito
litigado por Isabel
de Osorio contra
Melchor de Sarabia
en relación al cobro
de las rentas del
pan y cosechas en
tierras de
Saldañuela
(c. 1580). Registro
de Ejecutorias, caja
1671,13. Archivo
de la Real Chancil-
lería de Valladolid
(España).

etratos de François Athénaïs
de Rochechouart
e Mortemart, marquesa de
ntespan. Grabados de autor
nónimo. Cabinet des Étam-
es, Bibliothèque Nationale,
París (Francia).

FRANÇOISE DE ROCHECHOVART

Madame de Montespan. Óleo
sobre lienzo por Charles
Beaubrun (1604-1692). Château Royale d'Amboise
(Francia).

Retrato al pastel de Madame de Montespan de autor desconocido.
Musée du Châteaux de Versalles (Francia).

Madame de Montespan por Pierre Mignard. Château de Versalles (Francia).

Madame de Pompadour. Óleo sobre lienzo por François Boucher (1703-1770).
Alte Pinakothek, Munich (Alemania).

Madame de Pompadour. Retrato al pastel por Maurice Quentin de La Tour (1704-1788). Musée du Louvre, París (Francia).

Luis XIV como Júpiter. Óleo sobre lienzo por Charles Poerson (1667-1709). Musée du Châteaux de Versalles (Francia).

Madame de Pompadour ataviada «a la sultana». Cartón para tapiz de Charles-André van Loo (1705-1765). Musée du Châteaux de Versalles (Francia).

Lámina perteneciente a *L'Encyclopédie*, la magna obra que protegió Madame de Pompadour.

Retrato de Madame du Barry
Óleo sobre lienzo por
Elisabeth Vigée Le Brun.
Philadelphia Museum of Art
(EE. UU.).

(*Abajo, izquierda*) Retrato de
*Madame la Comtesse du
Barry en Flore* de
François-Hubert Drouais.
Col. particular.

(*Abajo*) Jeanne du Barry. Retrato al pastel por Jean Hono
Fragonard (1732–1806).
Musée du Châteaux
de Versalles (Francia).

VII

Ana Bolena, la leyenda del rey Barbazul

(1501-1536)

La leyenda, la literatura y el cine han contribuido a que Enrique VIII pasara a la historia como un auténtico Barbazul. Sin embargo, contra lo que comúnmente se cree, solo dos de sus esposas, Ana Bolena y Catalina Howard, cayeron bajo el filo del arma del verdugo. Catalina de Aragón y Jane Seymour murieron por enfermedad y sobreparto respectivamente, y Ana de Cleves (cuyo matrimonio fue anulado en 1540) y Catalina Parr, le sobrevivieron. Posiblemente fue precisamente su comportamiento con Ana Bolena lo que creó en su entorno tal fama de hombre sanguinario y cruel cuando, en realidad, era un hombre inteligente, excelente político, buen diplomático y amante de las artes y las letras que, a lo largo de su reinado, se vio envuelto en la espiral de intrigas y ambiciones que fue la corte Tudor.

La personalidad real de Ana Bolena —amante primero, esposa después— está aún por dilucidar. Intrigante y ambiciosa para unos, víctima inocente de las artimañas de su entorno, lo cierto es que su muerte fue un ejemplo de dignidad y abnegación. Lo único en lo que todos sus biógrafos coinciden es en que amó sinceramente al rey pero cometió el error de inmiscuirse en su política y eso la perdió. Había nacido en la mansión familiar del condado de Kent en 1501[25] donde

---

[25] Contra lo que se creía, Ana Bolena no nació en 1507 sino que estudios recientes señalan la fecha de 1501 como la más fiable.

creció en compañía de sus dos hermanos María y Jorge hasta que su padre, Thomas Boleyn (o Bolena), hombre de confianza de Enrique VII, y con él, la familia entera, hubo de desplazarse a diversas cortes europeas en misión diplomática.

En uno de estos desplazamientos, la familia Boleyn recaló en Flandes. Margarita de Austria, gobernadora de los Países Bajos, quedó fascinada por el aire despierto y los buenos modales de la pequeña Ana y le ofreció un puesto de menina en su corte. Evidentemente era una ocasión que no debía desaprovecharse. Flandes era una de las más refinadas cortes europeas y un núcleo de irradiación cultural. El padre accedió encantado y la pequeña Ana vivió en Malinas hasta 1514 cuando el soberano inglés, Enrique VII, dispuso que se trasladara a París[26] en unión de su hermana María, en calidad de dama de honor de la princesa María Tudor[27], con motivo de su matrimonio con Luis XII de Francia. Podía haber sido una corta estancia ya que la muerte repentina del novio a los tres meses de la boda obligó a María a regresar a Londres, pero no fue así. Ana, reclamada por la nueva reina, Claudia de Francia, continuó en Paris hasta 1522.

A su regreso a Inglaterra, Ana Bolena se había convertido en una mujer verdaderamente atractiva. Delgada, de ojos profundos y oscuros y abundantes cabellos negros que, contra la costumbre de la época, solía llevar siempre sueltos, hacía gala de una exquisita educación, modales delicados e inteligente conversación. Tal era su atractivo que quienes la rodeaban olvidaban que tenía un defecto físico imperdonable en la época: en su mano izquierda tenía seis dedos o, para ser más exactos, cinco y un pequeño muñón que aunque disimulaba imponiendo la moda de las mangas exageradamente largas, podía haberle causado graves perjuicios puesto que esta deformidad se consideraba en la Inglaterra Tudor como un signo inequívoco de brujería.

---

[26] Parece ser que en esa ocasión le acompañó su hermana María de quien se dice que, en esos años, fue amante de Francisco I de Francia..

[27] María Tudor, duquesa de Suffolk. No debe confundirse con María Tudor, hija de enrique VIII y Catalina de Aragón.

No debió de advertirlo Enrique VIII. Por entonces, el soberano había cumplido 34 años, estaba casado con Catalina de Aragón y era amante de María Bolena, la hermana mayor de Ana. Fue precisamente esta relación la que favoreció su entrada en la corte. Por lo visto, en el transcurso de una fiesta cortesana, danzó con tal maestría y encanto que Enrique VIII, fascinado, no se recató en dirigirse a ella y asegurarle que, desde ese momento, estaba a su disposición.

Para facilitarle el camino, el monarca apartó rápidamente de la corte a María. Aún así, Ana no estaba dispuesta a ponerle las cosas fáciles al rey. Se resistía a las continuas atenciones de Enrique VIII, esgrimiendo su condición de muchacha honesta y recatada. Luego iniciaba ella misma el coqueteo y prodigaba al enamorado soberano una serie de gestos e incluso caricias aparentemente inocentes, que aún exacerbaban más su pasión. Era una estrategia muy inteligente. No quería ser una más de las muchas amantes[28] que habían pasado ya por la alcoba real. Quería ser reina de Inglaterra. Para conseguirlo iba a jugarse el todo por el todo. Por eso puso tierra de por medio y partió a Kent, sabedora de lo mucho que la nostalgia aviva la pasión. Enrique VIII cayó en la trampa. Como un adolescente enamorado, escribía casi a diario a su enamorada expresándose en estos términos:

> No sé nada de ti y el tiempo se me antoja sumamente largo porque te adoro. Me siento muy desgraciado al ver que el premio a mi amor no es otro que verme separado del ser que más quiero en este mundo.

El monarca también estaba dispuesto a jugar fuerte. Convencido de que el obstáculo que le separaba de Ana era su condición de hombre casado, decidió acabar con su matrimonio con Catalina de

---

[28] Entre las amantes más conocidas de Enrique VIII se encuentran Elizabeth Blount, dama de honor de la reina Catalina quien le dio un hijo, posteriormente reconocido por el rey quien le concedió el título de duque de Richmond; Mary Berkeley, de quien tuvo dos hijos varones y Jane Dyngley de quien nació una hija llamada Ethel.

Aragón, aunque ello le costara enfrentarse a la Iglesia Católica. Evidentemente, su osadía no se debía únicamente al amor que sentía por Ana Bolena. La política imperial de Carlos V impedía el desarrollo de Inglaterra como potencia europea y, sobre todo, como dueña de los mares. Dado los lazos de sangre que unían al César con la reina Catalina[29] cualquier decisión política estaba previamente condicionada. La soberana era, pues, un obstáculo para la expansión de Inglaterra y... para los deseos de su rey.

Claro que para disolver el matrimonio había que buscar una excusa válida y contundente. El Cardenal Wolsey la halló en la Biblia, concretamente en un pasaje del Levítico[30] que dice «No descubrirás la desnudez de la mujer de tu hermano». Puesto que Catalina había sido «la mujer de su hermano», ya que cuando contrajo matrimonio con Enrique era viuda de su hermano Arturo, el rey decidió que su matrimonio no solo era nulo, sino incestuoso. Por otra parte, la dispensa papal otorgada en su momento, no era válida por cuanto contradecía a una prohibición expresa de la Biblia. Un tema que, ciertamente, defendía la doctrina luterana; es decir, que la infalibilidad del Papa, no era tal.

La reina Catalina reaccionó violentamente. No solo se opuso a toda posible disolución matrimonial, sino que lo hizo con un argumento de peso: su primer matrimonio nunca había sido consumado a causa de la extrema juventud y la mala salud del príncipe Arturo. Desde ese momento, la corte ya tuvo con qué entretenerse. Mientras unos cortesanos daban la razón a la reina, otros aseguraban que el príncipe se jactaba de «haber sometido la tenaz resistencia hispana». Lo cierto es que si algo no deseaba Roma era contrariar al Emperador. De ahí que Clemente VII se manifestara con rotundidad: el matrimonio de los reyes de Inglaterra era válido y, por tanto, indisoluble.

Enrique VIII y Ana Bolena no se dejaron vencer por el desánimo. Sabían que contaban con un poderoso aliado. El pueblo que, convencido

---

[29] Catalina de Aragón era tía de Carlos V como hermana de su madre, Juana la Loca.
[30] Levítico, 18,16-18.

de que el Papa no era más que un rehén en manos del Imperio, se puso incondicionalmente de su lado. Y, convencida de su victoria, Ana Bolena creyó llegado el momento de conceder sus favores al rey.

El proceso de nulidad se prolongó cerca de seis años y provocó la ruptura con la Iglesia Católica Romana. No obstante, aunque un tribunal inglés concedió el divorcio al soberano, este no se decidía a contraer el matrimonio que tanto ansiaba Ana. Pese a ello, segura de su posición, Ana repartía prebendas y nombramientos e iba creando en su entorno un grupo de fieles que le garantizaba una sólida posición en la corte. Una posición que quedó definitivamente consolidada en 1532 cuando comunicó al rey que estaba embarazada. La noticia llenó de júbilo al monarca que, de inmediato, consultó a astrólogos y nigromantes que aseguraron que iba a nacer un varón. En esa confianza, desheredó formalmente a la pequeña María, nacida de su unión con la reina Catalina, y contrajo matrimonio con Ana Bolena, quien el 1 de junio de 1533 fue coronada reina de Inglaterra en la Abadía de Westminster.

Tres meses después, el 7 de septiembre de 1533, nació la princesa Isabel, llamada a ser la más grande de las soberanas británicas. Pero, desilusionado por no ser padre del ansiado varón, Enrique VIII comenzó a espaciar sus visitas a la alcoba de la reina. Viendo peligrar su posición, Ana Bolena se propuso favorecer el avance del luteranismo en Inglaterra. La reforma religiosa era el único aval que podía permitirle ser considerada como reina legítima y de ahí que facilitara el acceso a los altos cargos eclesiásticos a personas abiertamente reformistas o que permitiera y fomentara la libre circulación de libros que, como los de Lutero, habían estado prohibidos hasta entonces.

Las circunstancias cambiaron en enero de 1536 cuando el cáncer acabó con la vida de Catalina de Aragón. Según la tradición, Enrique VIII lo celebró con una fiesta en palacio y prohibió que la corte guardara luto. Poco duró su contento: veinte días después Ana Bolena dio a luz un varón pero, desgraciadamente, nació muerto. Ni siquiera acudió al lecho de la parturienta a consolarla de la pérdida. Ya había entrado en escena la joven y delicada Jane Seymour y Ana Bolena ya era el pasado. Al igual que había sucedido a la hora de divorciarse de su primera esposa, había que buscar un buen motivo para deshacerse de la segunda. Lo halló el consejero del rey, Thomas Cromwell[31], acérrimo defensor de retomar las buenas relaciones con el Imperio, mientras que Ana Bolena opinaba exactamente lo contrario y así lo manifestaba abiertamente.

Cromwell decidió apartar a Ana de su camino y con ello ganar aún más puntos ante el rey. A primeros de mayo de 1536, Ana Bolena fue acusada de adulterio con uno de sus maestros de baile quien, bajo tortura, firmó una confesión en toda regla. A él se añadió una vasta relación de posibles amantes, entre los que se citó a su propio hermano, ninguno de los cuales reconoció los cargos. Días después, un jurado del que formaban parte el arzobispo Cramer y el propio Thomas Boleyn que, incapaz de resistir la pérdida de sus prebendas, no dudó en testificar contra su propia hija, declaró a Ana Bolena culpable de traición, adulterio e incesto y como tal la condenó a morir decapitada.

Fue conducida a la Torre de Londres y, tras la ejecución de sus posibles amantes, el 19 de mayo de 1536 Ana Bolena subió las escaleras del patíbulo instalado en el patio de su prisión. Antes había mandado llamar al gobernador de la fortaleza para jurarle que jamás había sido infiel a su esposo. Una vez sobre el patíbulo quiso dirigirse a los presentes diciendo:

> Buenas gentes cristianas, estoy aquí para morir de acuerdo a la ley, y si esta me condena a muerte, no diré nada contra ello. No quiero acusar a ningún hombre, ni justificarme de mis acusaciones, solo deciros que rezo a Dios para que pro-

---

[31] Thomas Cromwell, primer conde de Essex, (1485-1540) fue secretario de Estado y Primer Ministro durante el periodo de 1532 a 1540. Tras su caída en desgracia, murió, como Ana Bolena, decapitado en la Torre de Londres.

teja al rey y le conceda un largo reinado porque es el más generoso príncipe que hubo nunca: para mí fue siempre bueno, gentil y soberano. Y si alguna persona se vincula a mi causa, les requiero que obren en conciencia. Acepto pues mi partida de este mundo y solo les ruego que recen por mí. ¡Oh Señor ten misericordia de mí! ¡A Ti encomiendo mi alma.

Luego, el verdugo hizo su trabajo.

Al día siguiente Enrique VIII contrajo matrimonio con Jane Seymour.

ISABEL DE OSORIO

Isabel Osorio
Amante del Rey
1522-1589

Isabel de Osorio en una recreación de Ricardo Sánchez.

VIII

Isabel de Osorio, el pecado del rey Prudente

(1522-1589)

Felipe II es uno de los personajes más estudiados de la historia de España. Sin embargo poco se sabe de su vida privada. El afán de los historiadores por engrandecerlo para compensar la leyenda negra que lo envuelve, lo ha convertido en un personaje taciturno, místico, prudente para unos e hipócrita y fanático para otros. Una imagen que solo se corresponde con los últimos años de su vida, cuando el soberano se convirtió en el solitario habitante de El Escorial. Pero Felipe II también fue un joven apasionado que supo de amores prohibidos y hubo de resignarse al matrimonio por razón de Estado.

En 1541, Felipe II ya no era el niño desvalido que perdió a su madre con solo doce años ni, por supuesto, el solitario y taciturno rey del monasterio escurialense que perpetúan las crónicas. Por el contrario, nacido en Valladolid en 1527, contaba catorce años y era un adolescente rubio y de ojos claros, de mediana estatura y una cierta elegancia natural que parecía más dispuesto a gozar de los placeres de la vida que de las tareas de gobierno. Una actitud que no dejó de preocupar a su padre, Carlos I, que no solo sabía por propia experiencia de la tentación de la carne, sino sobre el que pesaba una dramática leyenda familiar que aseguraba que el príncipe Juan, heredero de los Reyes Católicos, había muerto a causa de los excesos sexuales cometidos tras su matrimonio con Margarita de Austria.

Convencido de que, tal como proclamaba la iglesia católica el matrimonio era «remedio de la concupiscencia», el Emperador decidió que había llegado el momento de encontrar una esposa para el príncipe. La tarea era difícil pero parecía que, de momento, el heredero imperial prefería la caza a otros placeres terrenales[32] y por tanto no urgía decidirse por una candidata. Cabe pensar pues que, sin prisa, se llevó a cabo un completo *casting* de princesas europeas, entre las que se encontraban la francesa Margarita de Valois y la navarra Juana de Albret, hasta decidirse por la candidata definitiva: María Manuela de Avis, hija de la tía del Emperador, Catalina de Austria, y del rey Juan III de Portugal. Era, a todas luces, un matrimonio conveniente. La corte lusa era, por entonces, la más rica de Europa y una novia portuguesa aseguraba una inyección considerable para las exhaustas arcas imperiales, además de garantizar la paz en los territorios ultramarinos y cerrar toda posibilidad bélica en la península.

El contrato matrimonial se firmó en Lisboa el 1 de diciembre de 1542. Pocos meses después, el Emperador partió hacia Alemania a fin de contener el levantamiento de los príncipes protestantes de la Liga de Esmalcalda mientras que el futuro Felipe II, ya jurado heredero de Aragón, quedaba en la península como regente de Castilla. Antes de partir, durante una estancia en la localidad gerundense de Palamós, consciente de la falta de formación política de su hijo, le escribió una larga carta[33] en la que junto a una serie de consejos para el buen gobierno añadía:

> Hijo, placiendo a Dios, presto os casaréis, [...] quiero hablar sino en la exhortación que os tengo de dar para después de casado; y es hijo, que, por cuanto vos sois de poca y tierna edad y no tengo otro hijo si no vos, ni quiero haber otros, conviene mucho que os guardéis y que no os esforcéis a estos principios, porque demás que eso suele ser dañoso, así para el

---

[32] Su preceptor, Juan Martínez de Guijarro (1477-1557) *Silíceo*, le había escrito : «la caça es al presente la cosa a la que muestra más voluntad, [...] es buena cosa que con esa edad de catorce años en la qual la naturaleza comenza a sentir flaquezas, aya Dios dado al principe tanta voluntad a la caça que en ella la mayor parte del tiempo se ocupe».

[33] Las célebres *Instrucciones*.

crecer del cuerpo como para darle fuerzas, muchas veces pone tanta flaqueza que estorba a hacer hijos y quita la vida como lo hizo al príncipe don Juan, por donde vine a heredar estos Reinos. Mirad qué inconveniente sería si vuestras hermanas y sus maridos os hubiesen de heredar y qué descanso para mi vejez si no es así, por eso os habéis mucho de guardar cuanto tuviéredes vuestra mujer. Y porque eso es algo dificultoso, el remedio es apartaros de ella lo más que fuere posible, y así os ruego y encargo mucho que, luego que habréis consumado el matrimonio, con cualquier achaque os apartéis, y que no tornéis tan presto, ni tan a menudo a verla, y cuando tornáredes, sea por poco tiempo.

Si Carlos V hubiera conocido a la princesa portuguesa y, aún más, si hubiera sabido cual era la vida de su hijo en los últimos meses, posiblemente no hubiera hecho falta tanta literatura. María Manuela de Portugal había nacido en Coimbra el 15 de octubre de 1527. Era unos meses más joven que Felipe y se había criado en la corte recogida y piadosa de sus padres Juan III de Portugal y Catalina de Austria. Austera y sencilla, había heredado de su madre una importante tendencia a la obesidad que llevó incluso a los complacientes cronistas de la época a calificarla de «más gorda que flaca» o, en palabras de Alonso de Sanabria, un miembro de la casa de Medina Sidonia que formó parte del séquito nupcial, «con toda su persona muy abultada».

Pero el «remedio a la concupiscencia» de Felipe no era que María Manuela tuviera, a decir de otros cronistas, el labio caído, los ojos saltones o la mirada apagada, la cuestión era que por entonces el príncipe Felipe no iba a estar demasiado dispuesto a frecuentar a su esposa porque sus intereses estaban en otra parte. Concretamente en casa de su hermana María, donde se estaba gestando el que sería el romance más pasional del futuro rey *Prudente*: su relación con una dama de la infanta llamada Isabel de Osorio.

El futuro monarca, no obstante, se esforzó en los primeros tiempos de matrimonio en cumplir con sus obligaciones maritales hasta que una inesperada enfermedad cutánea —posiblemente sarna— le obligó a alejarse de su joven esposa por temor a contagiarla. Cuando, un mes después, se reanudó la convivencia el ayo del príncipe, Juan de Zúñiga, y el comendador mayor de León, Francisco de los Cobos, convencidos de que la dermatitis del príncipe obedecía a una práctica desmedida del sexo, intentaron por todos los medios que las visitas de Felipe al dormitorio de su esposa fueran lo más distanciadas posible. No les costó convencerlo. María Manuela, por entonces, ya estaba embarazada del que sería el príncipe don Carlos, y su esposo con la excusa de respetar su estado, intensificó sus visitas a la pequeña corte de su hermana en Toro.

Es probable que Felipe II ya conociera a la mujer que le quitaba el sueño desde la infancia, puesto que había pertenecido al servicio de la Emperatriz. Isabel había nacido en Burgos en 1522, fruto del matrimonio entre un judío converso, llamado Pedro de Cartagena, y una dama del lugar de nombre María Rojas. Sin embargo, la temprana muerte de sus progenitores, la llevó a educarse junto a su tío, un montero de la corte llamado Luis de Osorio, quien no solo le dio su apellido sino que la introdujo en palacio al servicio de la Emperatriz Isabel. A la muerte de esta, la joven pasó a engrosar las filas de las damas que atendían a la infanta María hasta que contrajo matrimonio y, luego, a formar parte del cuerpo de casa de la infanta Juana. Por entonces, la infanta se había aposentado en la ciudad zamorana de Toro donde mantenía un pequeño núcleo cortesano. Y, como sabemos, hasta allí viajaba frecuentemente el entonces príncipe de Asturias atraído por las posibilidades cinegéticas de la zona y poco después, por los amorosos encuentros con Isabel quien, cinco años mayor que él y, quizás, más experimentada le abrió caminos aún inexplorados.

Rubia, de ojos claros y formas rotundas, Isabel fue, al decir unánime de los biógrafos del monarca, una auténtica belleza acorde con los cánones estéticos de la época. Parece ser que, además, gozaba de una cierta cultura, un carácter enérgico y buenas dosis de ambición a juzgar por como supo defender sus derechos en el largo proceso que, años después, la enfrentó a sus convecinos en su retiro de Saldañuela (Burgos).

Los biógrafos de Felipe II no se ponen de acuerdo a la hora de concretar hasta qué punto llegaron los ardores del joven y, se supone, apasionado príncipe. Sin duda, a la hora de estrechar lazos, los amantes se vieron favorecidos por el temprano embarazo de María Manuela de Portugal. Cabe pensar que un Felipe recién casado, con la exuberancia de sus escasos veinte años y la herencia pasional de los Habsburgo, viéndose forzado a la abstinencia que, en la época, imponía el embarazo y a la rígida normativa sexual obligada por su padre y sus preceptores se entregara de pleno a los brazos de Isabel de Osorio. La leyenda negra pretendió incluso establecer un presunto matrimonio entre ambos que convertiría a Felipe en bígamo a la hora de su enlace con María Manuela de Portugal. No parece probable dado que no existe documento alguno que lo avale y que la especie la lanzó Guillermo de Orange en su *Apologie*, un libelo en el que no escatimó imaginación a la hora de infamar a Felipe de España.

Por otra parte, dada la estricta vigilancia que el emperador ejercía sobre su hijo hubiera sido muy difícil que este contrajera matrimonio secreto sin que tal hecho llegara a oídos de su padre. De haber sido así, se hubiera puesto en marcha de inmediato la maquinaria legal necesaria para declararlo nulo. El equívoco pudo deberse a palabras de la propia Isabel quien, según el cronista Cabrera, «pretendió ser mujer del rey». Parece ser que en sus años de madurez, la dama hacía franca ostentación de los vínculos que le habían unido a Felipe. De hecho no se equivocaba. De alguna manera ella fue «la mujer» en la vida del solitario del Escorial.

No obstante, fue tras la muerte de María Manuela en 1545, a consecuencia del parto de su primer hijo, cuando la relación se hizo más intensa. Prueba de ello es que, en 1551, el aún príncipe de Asturias escribió a su cuñado y amigo Maximiliano II de Austria:

> Ayer vine aquí —Toro— adonde me pienso holgar ocho o diez días, para irme después a trabajar a Madrid...

Y, pocos días después, desde Medina del Campo y camino de Madrid, añadía :

...y otras nuevas no sé decir más que he partido de
Toro con grandísima soledad.

Nadie puede negar, pues, que la relación entre Isabel de Osorio
y Felipe II fue mucho más que una ilusión pasajera o un intercambio
puramente sexual. Su íntima amistad duró casi quince años, con las
intermitencias que provocaron las largas estancias de Felipe en Flandes
y en Inglaterra. Es más, cabe la posibilidad de que Isabel se enamorara
profundamente de Felipe ya que jamás contrajo matrimonio ni se le
conoció pareja alguna que no fuera el monarca. El entonces príncipe
de Asturias era un hombre atractivo y gentil en nada parecido al anciano ascético y perpetuamente enlutado de sus últimos años y, además, la llenaba de atenciones y regalos. Del afecto que Felipe sintió
por ella da cuenta no solo la fortuna en dinero, posesiones y joyas que
Isabel recibió de su «regio amparo», en términos de Manuel Fernández
Álvarez, sino como veremos más adelante el hecho de que la perpe-
tuara en el arte.

Contó para ello con un cómplice de excepción: Tiziano. Felipe
había conocido al pintor en Italia y entre ambos se gestó una amistad
que fue mucho más allá de la relación entre un pintor y su mecenas.
No es de extrañar, pues, que el príncipe contara con su complicidad
cuando, al encargarle una serie de cuadros inspirados en las *Metamor-
fosis* de Ovidio, le pidiera que la protagonista de uno de ellos, *Danae
recibiendo la lluvia de oro*, tuviera las facciones de Isabel de Osorio. El
resultado fue un cuadro cargado de erotismo en el que una mujer sensual y entregada, Danae, se ofrece a ojos del que la contempla exuberante en las formas y tentadora en la expresión.

Felipe II jamás se separó del cuadro. Poco después de recibirlo,
en 1554, doblegándose a los deseos de su padre y a sus obligaciones
dinásticas, partió a Inglaterra para contraer matrimonio con la reina
María Tudor. En el equipaje, *Danae* ocupaba un lugar de honor. Es
más, una segunda entrega de la serie, *Venus y Adonis* en el que la diosa
intenta inútilmente retener a su amado, fue enviada directamente
desde el taller veneciano de Ticiano a Londres. En este caso es Venus

quien tiene las facciones de Isabel de Osorio. Y, como la diosa, la amante del príncipe tampoco pudo retenerlo a su lado.

No hay que tener demasiada imaginación para pensar en las muchas horas que el futuro Felipe II debió pasar contemplando el retrato de su amada, mientras la infeliz y olvidada María Tudor, tan enamorada como poco correspondida, suspiraba por él. Cierto que la realización de pinturas eróticas para que los príncipes las difrutaran en la intimidad era una costumbre habitual, pero que se buscara reproducir en el cuadro las facciones de la amada, va más allá de un simple pasatiempo erótico. Fue, sin duda, la necesidad de un hombre enamorado de tener junto a él la imagen de la mujer que ama.

Unos años después, la larga estancia de Felipe en Inglaterra y Flandes junto con la certeza de que durante su ausencia el monarca no le había sido fiel, llevó a Isabel de Osorio a retirarse de la corte. Fue en 1556. Por entonces, Felipe se hallaba en Bruselas donde solía frecuentar a una dama flamenca llamada Madame d'Aller. No era ningún secreto. El mismo embajador veneciano Micer Badoero escribió al gobierno de la República: «...estuvo en casa de Madame d'Aller que está reputada como muy hermosa y de la que parece andar muy enamorado». No era la primera vez que el príncipe era infiel no solo a su esposa, María Tudor, sino también a su amante, Isabel de Osorio. Durante su estancia en Inglaterra, mantuvo relaciones con algunas damas de la corte inglesa y, aún más, corrió la especie de que, para desespero de la reina infértil, el resultado de las mismas había sido algún bastardo, opinión que comparten algunas de las biógrafas de la reina.

Probablemente la noticia llegó a oídos de Isabel de Osorio. Lo que está comprobado que le llegó fueron los cuatro millones de maravedíes enviados por Felipe desde Bruselas poco tiempo después. Nadie sabrá si fue una compensación por el olvido, por la traición, o una gratificación por los servicios prestados. Pero lo cierto es que la dama burgalesa decidió, con esa pequeña fortuna, retirarse de la vida cortesana. Para ello compró al Consejo de Hacienda de Castilla la jurisdicción civil y criminal de toda la zona correspondiente a la vega del río Ausin, entre Olmos, Albos y Sarracín, en cuyo término, exactamente en una aldea llamada Saldañuela, mandó construir un hermoso palacio que aún hoy se mantiene en pie.

La construcción no se concluyó hasta 1560. Es una enorme mansión de estilo italianizante, edificada con piedra caliza de las canteras de Hontoria, erigida sobre una torre medieval anterior y en la que, según quiere la tradición, se construyeron unas amplísimas escaleras para que el rey pudiera llegar a caballo hasta las habitaciones de una Isabel que no perdía las esperanzas de recuperarlo. Un edificio sobrio, de aspecto casi monacal, cuyo único adorno era un hermoso pórtico en la fachada principal, adornado por seis columnas cilíndricas con capiteles corintios sobre el que se abría una galería de arcos con balaustrada de piedra.

Por entonces, Isabel ya no era la mujer sensual y alegre que había enamorado al joven príncipe Felipe. Los años y la soledad la habían amargado, mientras que su papel de amante real la había convencido de ser una reina sin corona. El resultado fue una actitud casi despótica que le hizo ganarse la animadversión de sus convecinos de Saldañuela. Por ello, la nueva señora del lugar hubo de afrontar un largo proceso, bien documentado en el Archivo General de Simancas, además de haber de sortear los continuos encontronazos con los lugareños quejosos de que los celosos servidores de Isabel multaran, detuvieran e incluso encarcelaran a quienes pescaban o cazaban en sus dominios.

En tierras burgalesas, Isabel actuó como reina y señora absoluta de sus tierras. No había podido ser la esposa de un rey, pero quiso ser reina de sus posesiones. Una soberana que, sin embargo, no contó con la aquiescencia de sus súbditos quienes, hartos de sus pretensiones, acabaron por llamar a su magnífico palacio «la casa de la puta del rey». No debió importarle demasiado y allí residió hasta su muerte.

Lo hizo sola ¿o en compañía de sus hijos? Algunos autores apuntan que de la relación entre el rey y su dama pudieron nacer dos hijos a los que incluso se pone nombre, Bernardino y Pedro. A favor de tal teoría está el dato de la generosidad del rey para con ella y que Isabel dejó sus posesiones a un tal Pedro de Osorio, quien fue enterrado en su misma sepultura y al que presentó en su testamento como «su sobrino», tal vez en un intento de disfrazar los orígenes ilegítimos de este. En cualquier caso, la posible existencia de unos bastardos no deja de ser una especulación.

Tal vez buscando expiar los presuntos excesos de su vida pasada, Isabel de Osorio mandó erigir un convento frente al palacio que cedió a la Orden de religiosas trinitarias. No obstante, a su muerte, ocurrida en 1589, sus restos no fueron sepultados allí sino en la cercana ermita del Santo Cristo de los Buenos Temporales. Había pasado los últimos treinta años de su vida en Saldañuela en un encierro voluntario, recluida en sus recuerdos y olvidada por todos. Un olvido al que, junto con otras amantes del rey —Eufrasia Guzmán, Magdalena Dacre, Catalina Laínez, Elena Zapata...— la ha condenado una historia oficial que convierte a Felipe II en un soberano sin mácula cuando, en realidad, además del monarca más poderoso de su época, fue simplemente un hombre.

MADAME DE MONTESPAN

Grabado de la edición de *Memoirs of Madame la Marquise
de Montespan* por Mercier (1899).

IX

Madame de Montespan, la reina de los venenos

(1640-1707)

Cuando, en junio de 1667, Luis XIV de Francia prohibió a su favorita Louise de la Vallière (1644-1710) incorporarse al cortejo que le despedía cuando partía hacia la guerra de Flandes, la hasta entonces amante del «rey Sol» supo que sus días de gloria habían terminado. Lo que desconocía era el motivo. No tardó en conocer la causa del desdén real. Se llamaba Françoise Athénaïs de Rochechouart de Mortemart, marquesa de Montespan, había nacido en el castillo de Lussac-les-Châteaux el 5 de octubre de 1640 era rubia, de insinuante mirada azul y formas tan redondeadas como voluptuosas. Madame de La Vallière, la conocía bien: eran íntimas amigas. La traición, pues, era doble. Otro tanto debió pensar la reina María Teresa de Austria ya que Madame de Montespan era una de sus damas de compañía.

En cualquier caso, ni ellas ni el resto de la corte ponía en duda sus virtudes para convertirse en la nueva *maîtresse-en-titre* con los privilegios que ello conllevaba. Su coetánea, la escritora Madame de Sévigné[34] decía de ella que «su compostura era digna de su belleza y su alegría estaba a la altura de su compostura». Solo había un problema: estaba casada. Es más, su esposo, Louis Henri de Pardaillan de Gon-

---

[34] Marie de Rabutin-Chantal, marquesa de Sévigné (1626-1696) fue una escritora francesa cuyas cartas a su hija son un detallado testimonio de la corte de Luis XIV.

MARÍA PILAR QUERALT DEL HIERRO

drin, marqués de Montespan, con el que había tenido dos hijos, Maríe-Christine y Louis Antoine, no compartía en absoluto el criterio de Molière, quien en su comedia *Anfitrión* —a decir de muchos autores una crítica a la vida galante de Luis XIV— aseguraba que «Compartir el amor con Júpiter[35] no es ninguna deshonra». De ahí que, al descubrir los amores de su esposa con el rey, los hiciera públicos entre grandes aspavientos y acabara en prisión con la acusación de lesa majestad y desacato a la autoridad. Cuando, meses después, fue liberado se refugió en su casa de la Guyena, tapizó sus carrozas con paños fúnebres y celebró un funeral en su capilla por su esposa a la que declaró oficialmente muerta. Es más en un arranque de sarcasmo anunció que él entraría por la puerta de mayor tamaño de la iglesia ya que sus enormes cuernos no le permitían hacerlo por otras más pequeñas.

Poco importaba el escándalo al rey. Durante un tiempo, antes de defenestrar definitivamente a Madame de La Vallière, se exhibió sin recato alguno con dos amantes a la vez. Por algo era el Rey Sol, el dueño absoluto de Francia. Sin duda, Luis XIV era un hombre de una personalidad poderosa que supo transmitir una impronta singular a su reinado y, por supuesto, a su entorno más próximo. Amante del lujo, de la etiqueta y del refinamiento, dotado de un gran carisma personal y de una sagacidad política nada desdeñable, logró tal simbiosis entre su persona y su reino que sus cualidades personales acabaron por convertirse en signo y seña de la cultura francesa. De alguna forma bien pudiera decirse que sus amantes no eran solo las *maîtresses-en-titre* del rey, lo eran de toda Francia, porque Francia era el rey. De ahí que se les reverenciara y ocuparan un lugar en la corte. Si hacían feliz al monarca, hacían feliz al reino.

Luis XIV contaba, además, con un escenario único: Versalles. El que fuera un simple coto de caza, acabó por convertirse en el palacio más suntuoso de su época y en sus salones Luis XIV brilló como el «rey Sol», capaz de hacer desaparecer toda nube que pudiera ensom-

[35] Metáfora del rey.

brecer el cielo de Francia, mientras sus amantes eran los planetas que giraban a su alrededor.

En este ámbito reinó François-Athenaïs. Lo hizo, además, con tal esplendor que, al año de iniciar su relación con el rey, ya ocupaba veinte habitaciones de los apartamentos reales del primer piso, mientras que la reina solo disponía de once y en el segundo piso. Nada le parecía poco al rey para su favorita que, además de hermosa, era locuaz, culta y elegante en sus maneras. No obstante, su exagerada ambición y un cierto exhibicionismo le hacía rozar la vulgaridad, dada su afición a vestir sedas bordadas en oro o lucir un sinfín de alhajas. Así la describía Madame de Sevigné en una carta dirigida a su hija: «Madame de Montespan apareció cubierta de diamantes: imposible sostener el esplendor de tan brillante divinidad» —y continuaba— «La devoción que inspira al rey es mayor que nunca. Se comen los dos con los ojos: jamás se vio un amor que se manifestara tan evidentemente».

El rey no le negaba nada. Ni a ella ni a los siete hijos[36] que nacieron de la relación. Baste decir, como ejemplo, que uno de ellos era coronel con solo cinco años y que todos sin excepción fueron legitimados. Prebendas, dominios, dinero…todo parecía poco para la ambiciosa amante del rey que veía sistemáticamente satisfechos todos sus caprichos. Sin embargo, tan idílica situación no iba a durar eternamente. Por el contrario se vio bruscamente interrumpida en 1679.

Volvamos a conceder la palabra a la correspondencia de Madame de Sevigné:«Vivimos en continua agitación […] Nadie podía sospechar tal infamia. El silencio oficial es total pero indagamos en todas las casas para estar al corriente de la situación. Todos sin excepción nos hemos vuelto muy curiosos» ¿Qué había sucedido para que la

---

[36] Luisa Francisca (1669-1672); Luis Augusto de Borbón, duque de Maine y Abad de Saint Germain des Près (1670–1736); Luis César de Borbón, conde de Vexin (1672–1683); Luisa Francisca de Borbón(1673–1743), Mademoiselle de Nantes, que casó con Luis de Borbón, príncipe de Condé; Luisa María Ana de Borbón, Mademoiselle de Tours (1674–1681); Francisca María de Borbón, Mademoiselle de Blois (1677-1749) esposa de Felipe de Orleans, duque de Chartres; y Luis Alejandro de Borbón (1678–1737), conde de Tolouse.

corte en pleno y, tras ella, toda Francia, se alterara de tal modo?. Simplemente había estallado el conocido como «caso de los venenos».

Todo comenzó en casa de una presunta pitonisa, Marie Bosse, quien en una reunión social no dudó en explicar que, en compañía de una tal Madame de Vigoureux, se dedicaba a echar las cartas a lo más granado de la corte de Versalles. Lo malo es que añadió —sin asomo alguno de prudencia— que, además de llevar a cabo diversas mancias adivinatorias, había facilitado más de un expeditivo método para librarse de algún que otro molesto marido.

Debidamente alertado, un sagaz comisario de policía llamado Desgraz decidió tender una trampa a la presunta vidente: envió a la consulta de Marie Bosse a la esposa de uno de sus hombres con la pretensión de que le enseñara un conjuro para librarse de su marido. La Bosse fue de lo más obediente : en vez de perder el tiempo con conjuros, le recomendó que utilizara el contenido de un frasco que no era otro que una dosis letal de arsénico. De inmediato fue detenida junto con sus dos cómplices, Madame de Vigoureux y Madame de Voisin. En los domicilios de las tres se halló veneno, sangre humana, vísceras de animales, polvo de cantáridas…. Confesaron, además, que practicaban abortos y realizaban misas negras en las que llegaban a sacrificar niños de menos de un año. La propia Voisin reconoció que no solo había administrado veneno a sus víctimas sino que, además, había quemado en el horno de su casa o enterrado en su jardín unos dos mil quinientos fetos. No todo quedó aquí. Las tres arrestadas fueron el cabo del que tirar para seguir el hilo de una numerosa cohorte de presuntos magos, hechiceros, alquimistas y envenenadores. Es decir, para descubrir un auténtico submundo escondido bajo la fastuosidad armónica y el brillante oropel de Versalles

Horrorizado, Luis XIV instó a las autoridades a que convocaran una cámara especial de justicia llamada la Cámara ardiente destinada solo a casos excepcionales y que recibía tal nombre por celebrar sus sesiones a la luz de las antorchas y con los sitiales de los jueces y abogados cubiertos con paños negros a la manera medieval. La comisión interrogó y juzgó a más de trescientas personas de las que treinta y seis fueron condenadas a muerte mientras que al resto se le impusieron penas diversas de prisión o destierro según su implicación. Todos sin excepción aseguraron contar entre sus clientes o adeptos a personajes de alta alcurnia que frecuentaban la corte. Y, entre ellas, Madame Voisin nombró a la cuñada de Madame de Montespan.

Tal vez todo habría quedado ahí si, después de que Marie Voisin muriera en la hoguera, su hija Marguerite no se hubiera presentado voluntariamente a prestar declaración. La muchacha apuntó, sin vacilación alguna, no a su cuñada sino a la propia Madame de Montespan como una de las principales clientes de su madre. Insistió en que había visitado varias veces su casa, en que le había preparado conjuros y sortilegios y lo que aún era peor: que se había valido de los conjuros de su madre para conseguir que el rey aborreciera a Madame de La Vallière y que había pretendido envenenar al monarca algo que no se tuvo en consideración pues caía por su propio peso que no podía interesarle en modo alguno acabar con su *modus vivendi*. No obstante, su testimonio fue ratificado, para horror del monarca, por varios de los reos que incluso aseguraron haberla visto asistir a alguna de las siniestras misas negras celebradas en el local de un hechicero llamado Lesage, quien corroboró tal declaración. Los interrogatorios siguieron hasta julio de 1682 cuando, tras llevarse a cabo dos nuevas ejecuciones, la Cámara Ardiente se cerró. Para entonces, François Athenaï ya había sido sustituida por otra belleza cortesana: Françoise d'Aubigné[37], más conocida como Madame de Maintenon (1635-1719), institutriz de los hijos habidos con la Montespan, una mujer de origen humilde, pero tan dulce y austera como vanidosa e intrigante era su antecesora.

La marquesa de Montespan no fue imputada ni, por supuesto, llevada ante la justicia. Es más, años después el propio Luis XIV mandó

---

[37] Luis XIV contrajo matrimonio morganático y secreto con Madame de Maintenon en 1683.

quemar, en su lecho de muerte, parte de los documentos que la implicaban en el escándalo. Era la madre de los hijos del rey por tanto hubo de procederse con cautela. Su condena fue, sin embargo, la que posiblemente más temía: el desdén del monarca. Para comenzar se la trasladó a unos nuevos apartamentos en Versalles, más sencillos y, sobre todo, más alejados de los que ocupaba el soberano quien en público ni siquiera le dirigía la palabra. Sin poder soportar más la situación, en 1691 la antigua favorita se retiró a un convento, la Comunidad de Saint Joseph. No volvió a la corte ni siquiera para asistir a la boda de sus hijos. Entregó la mayor parte de sus posesiones a los humildes, trabajó en el huerto, se mortificó… Pasado un tiempo, cuando consideró que su culpa había sido expiada, regresó a sus posesiones de Bourbon-l'Archambault donde pasó sus últimos años presa de supersticiones y temores. Dormía con hachones encendidos por miedo a que en la oscuridad se le apareciera el diablo y se hacía acompañar por sus damas hasta que el sueño la vencía para que con su charla le evitaran todo tipo de pensamientos funestos. Por fin, el 27 de mayo de 1707, tras hacer confesión pública, murió dando gracias a Dios por haberle permitido morir lejos de sus hijos a los que calificó de «fruto de su pecado». Tal vez seguía convencida que su relación con el rey había sido fruto de la hechicería.

MADAME DE POMPADOUR

Madame de Pompadour. Apunte de Maurice Quentin de la Tour, 1746.

X

Madame de Pompadour, la mujer de porcelana

(1721-1764)

Es el paradigma de las favoritas versallescas. Sin embargo, fue mucho más que una de las muchas y frívolas amantes de Luis XV. Madame de Pompadour fue una mujer culta, bondadosa e inteligente que no solo amó sinceramente al monarca, sino que supo aprovechar y valorar las ventajas que su condición de *maîtresse en titre* (amante titular) le concedía para ejercer de mecenas, proteger la creación de la *Encyclopédie*[38] de Diderot y D'Alembert, las investigaciones de Helvétius[39] o del naturalista Buffon[40] y favorecer las manufacturas reales como la fábrica de porcelana de Sèvres que, en su honor, bautizó a una tonalidad de rosa como «rosa Pompadour».

Jeanne-Antoinette Poisson había nacido en París el 29 de diciembre de 1721. Era la segunda hija del matrimonio formado por Jean Poisson y Madeleine de la Motte. El padre, un adinerado financiero, había tenido algunos problemas con la Hacienda pública que le obligaron a exiliarse de París. Entretanto, Madeleine de la Motte, per-

---

[38] *L'Encyclopedie* o *Dictionnaire raisonné des sciences, des arts et des métiers* es el mayor logro intelectual del llamado Siglo de las Luces o periodo de la Ilustración. Se publicó entre 1751 y 1772, bajo la dirección de Denis Diderot (1713-1784) y Jean Le Rond D'Alembert (1717-1783), quienes compilaron en una vasta obra todos los conocimientos de la época desde el punto de vista de la razón y el método científico.

[39] Claude-Adrien Helvétius (1715-1771), filósofo francés autor, entre otras obras, de *De l'Esprit* (Sobre el espíritu). Su apellido puede castellanizarse como «Helvecio»

[40] Georges Louis Leclerc, conde de Buffon (1707-1788) naturalista, matemático, botánico y escritor francés, autor de la *Histoire naturelle.*

teneciente a una familia de más alcurnia que su marido, siguió con su ajetreada vida social en los círculos más elitistas de la capital y consoló su soledad con otro financiero Charles Le Normant de Tournehem. Tal vez por lo irregular de la situación, los dos hijos del matrimonio, Abel y Jeanne-Antoinette, fueron llevados lejos de París y se criaron en sendos internados. La niña, en concreto, se educó en el de las ursulinas de Poissy, donde sus condiscípulas, como si adivinaran cual iba a ser su futuro, la apodaron *Reinette*[41].

Fue precisamente el amante de su madre, Charles Le Normant de Tournehem, quien decidió que la niña merecía más que un internado. Era un hombre culto y bien relacionado que no tardó en advertir en la pequeña *Reinette* una serie de cualidades intelectuales que había que desarrollar a fin de asegurarle un buen futuro. Así, a los quince años, la hizo regresar a casa, le procuró los mejores profesores y redondeó una cuidadosa formación que atendía por igual al manejo de las finanzas que al conocimiento de las ciencias o al dominio de las artes.

Completada su educación, Le Normant la introdujo en los círculos más refinados del Paris ilustrado. Poco después, a los veinte años, la casó con su sobrino Charles le Normant d'Etioles, hijo del Tesorero General de la Moneda[42], un hombre poco atractivo aunque culto y refinado, que de inmediato se enamoró rendidamente de Jeanne[43]. Orgulloso de su esposa, d'Etioles, la presentó en los mejores cenáculos intelectuales y los círculos sociales mejor considerados de París. Así, Jeanne, ya madame d'Etioles, frecuentó el salón literario de madame Geoffrin[44], entró en el círculo financiero del duque de Ivernois y se re-

---

[41] «pequeña Reina»

[42] Un cargo similar al actual Ministro de Hacienda.

[43] Cuando, en vísperas de su muerte, Madame de Pompadour quiso reconciliarse con su marido de quien se había separado al iniciar su relación con Luis xv, este se negó asegurando que le era imposible olvidar «la ofensa que me infligiste. Tu presencia no hará más que avivar su recuerdo».

[44] Marie-Thérèse Rodet Geoffrin (1699-1777) fue, junto con Julie de Lespinasse, la más celebre *salonnière* de París. Su salón lo frecuentaban intelectuales de la talla de Diderot o D'Alembert y ella misma tuvo una importante participación en la redacción de la *Encyclopédie*.

lacionó con personajes de la talla de Montesquieu[45] o Marivaux[46]. La recién casada, por su parte, no carecía de inicitiva y en su castillo de Etioles, organizaba grandes fiestas, cacerías y banquetes a los que asistía lo más granado de la sociedad parisina de la época. No descuidaba por eso su vida familiar. En Etioles, dio a luz a su primer hijo en 1741, un varón que murió a las pocas semanas, y en 1744 a su hija Alexandrine, por la que sentía auténtica adoración.

Jeanne-Antoinette era, además de culta, una mujer tremendamente atractiva. De rasgos delicados y piel nacarina cumplía todos los requisitos de la época para ser considerada una belleza. El montero mayor de Versalles, buen amigo de Monsieur y Madame d'Etioles, la describió en sus memorias como «de estatura superior a la corriente, esbelta, grácil [...]. Rostro ovalado, regular y algo blando, dientes hermosos y muy bien colocados, sonrisa natural, cabellos rubios con tendencia al castaño claro, largas pestañas, piel muy suave, blanca y rosada con un brillo de nácar y, sobre todo, unos ojos fascinantes de un encanto tan particular que no podía determinarse su color». Si tal descripción llegó hasta Luis XV no es de extrañar que un hombre tan aficionado a la compañía femenina como el monarca quisiera conocer a esa joven dama de la que hablaba todo París.

A tal fin, el 24 de febrero de 1745, fue invitada a un baile de máscaras en Versalles en el transcurso del cual se la presentó al soberano. Tras el baile, puesto que el rey debía asistir a otra celebración del Carnaval de carácter popular, rogó a la entonces Madame d'Etioles que lo acompañara. Cuando se despidieron, ya había una nueva cita concertada, a la que siguieron otras tantas más. Los rumores no tardaron en llegar a la corte si bien no se confirmaron hasta septiembre de ese mismo año cuando, recién nombrada Marquesa de Pompadour y de Ménars, Jeanne-Antoinette pidió la separación de su esposo, se instaló

---

[45] Charles Louis de Secondat, Señor de la Brède y Barón de Montesquieu (1689-1755) fue uno de los más importantes pensadores franceses de la Ilustración.

[46] Pierre Carlet de Chamblain de Marivaux (1688-1763) novelista y dramaturgo francés.

en Versalles y fue reconocida oficialmente como *maîtresse-en-titre*. Tenía 23 años y acababa de entrar en la historia.

Se instaló en unos pequeños apartamentos del segundo piso ubicados en el ala derecha del palacio de Versalles, justo sobre la habitación del rey y desde donde podía contemplar el bosque de Marly y las colinas que bordean el Sena. La relación con Luis XV duró diecinueve años y aunque los encuentros íntimos cesaron en el invierno de 1752, Madame de Pompadour continuó siendo la confidente, la amiga fiel, y la mejor consejera del rey.

Jeanne conocía muy bien la personalidad de Luis XV. Huérfano desde los dos años, rey desde los tres, había crecido entre preceptores y regentes, siempre rodeado por intrigas políticas e intereses cortesanos, lo que le había llevado a desarrollar una personalidad reservada, melancólica y pesimista que se caracterizaba por sus cambios bruscos de humor. Jeanne-Antoinette supo compensarlo de carencias afectivas. Actuó como una buena burguesa y le rodeó de una cierta calidez doméstica mientras fomentaba sus intereses culturales y le ofrecía la alternativa perfecta a la etiqueta versallesca y a la repetitiva vida social cortesana.

Madame de Pompadour puso de moda las representaciones de teatro y los recitales líricos, las tertulias literarias o científicas y supo rodear al rey de un grupo de fieles que le hacían sentirse cómodo e incluso protegido. Organizaba cenas sin el ceremonial propio de Versalles en las que el rey compartía mesa con el resto de comensales, departía en largas sobremesas y jugaba a los naipes hasta la medianoche. Era un entorno burgués e intelectual a un tiempo en el que Luis XV conseguía ser feliz.

Lo cierto es que Jeanne Antoinette se había enamorado profundamente del monarca y todo le parecía poco para hacerle feliz. Por su parte, Luis XV encontró a su lado, además de la pasión, la calma, el equilibrio y la comodidad que ninguna de sus favoritas anteriores le habían salido dar. Hasta la reina le agradecía su comportamiento. Sus antecesoras habían separado a la real pareja, Madame de Pompadour, por el contrario, le instaba a estimar a María Leczynska y a tratarla, como mínimo, con el respeto debido a la madre de sus hijos. Es más, por su condición de duquesa —un título que jamás quiso ostentar— tenía derecho a sentarse frente a la soberana pero Jeanne-Antoinette jamás hizo uso de tal privilegio. Sabía cuál era su lugar y el de la reina.

Por supuesto, intervino en política. Era demasiado inteligente y Luis XV precisaba demasiado de su consejo como para no hacerlo. Así, Madame de Pompadour protegió decididamente la carrera política del duque de Choiseul[47] y aconsejó lealmente al rey en las alianzas relativas a la Guerra de los Siete Años[48]. Su área de influencia, además, se extendió al mundo del arte en el que fue una gran mecenas. Al frente de la llamada Superintendencia de las Artes situó a su hermano Abel, convertido en Marqués de Marigny, mientras ella se encargó de promocionar a diferentes artistas mediante el sistema de hacerles continuos encargos que, de inmediato, realizaban el resto de cortesanos en la convicción que así estaban à la page. Así, favoreció a pintores como François Boucher (1703-1770) quien la retrató en diversas ocasiones y para quien consiguió los nombramientos de rector de la Academia francesa de Pintura y Escultura, director de la Real Fábrica de tapices de Gobelinos y primer pintor del rey (1765).

Como buena hija de financiero, supo multiplicar sus ingresos. Construyó o restauró castillos que luego vendía a grandes señores o a burgueses deseosos de subir en la escala social, mientras que se hizo con un buen número de pisos y palacios en París[49] que luego arrendaba

---

[47] Étienne-François de Choiseul, conde de Stainville y duque de Choiseul (1719-1785) fue secretario de Estado de Luis XV.

[48] Como Guerra de los Siete Años se conocen una serie de conflictos internacionales desarrollados entre 1756 y 1763 con el fin de establecer el control sobre Silesia y por la supremacía colonial en América del Norte. En un bando se aliaron Prusia, Hannover, Portugal y Gran Bretaña frente a Sajonia, Austria, Francia, Rusia, Suecia y España.

[49] Entre ellos el Hôtel d'Evreux, conocido hoy como Palacio del Elíseo, residencia del presidente de la República Francesa.

y una fábrica de botellas en Bellevue que le rentaba de 18 a 20 000 libras al año, una cantidad muy respetable para la época. Su intuición para los negocios la llevó, además, a reorganizar la fábrica de porcelana de Vincennes por cuenta del Estado, que luego trasladó a Sévres mientras estimulaba a los creadores para encontrar nuevas fórmulas, nuevos modelos y nuevos colores. Acumuló, además, una considerable fortuna en forma de muebles de maderas nobles, cuadros, porcelanas, grabados, joyas, clavicordios, libros…Es muy posible que este afán acumulador se debiera a su temor de quedar en la miseria cuando perdiera el favor del rey pero también a su gusto por las cosas bellas.

Su destreza para los negocios no fue óbice para avivar su intelectualidad. La marquesa de Pompadour favoreció el proyecto de la *Encyclopédie* y protegió a los enciclopedistas en las innumerables veces que estos se encontraron con problemas frente a la censura. Frecuentó, pues, a los más importantes talentos franceses de la época. El propio Voltaire[50] con quien mantuvo una gran amistad le dedicó estos versos[51]

> Así pues, vos reunís
> el arte, el gusto, el afán de agradar
> Pompadour, vos embellecéis
> la corte, el Parnaso y Citerea.

Tal vez era demasiada felicidad. Se la había comparado con el sol y, como el astro rey, Pompadour también tuvo su ocaso. En 1753, una terrible tragedia oscureció para siempre su vida. Su hija Alexandrine se había educado como una auténtica princesa en el convento

---

[50] François Marie Arouet, más conocido como *Voltaire* (1694-1778), escritor, pensador, historiador y jurista.
[51] *Ainsi donc vous réunissez*
tous les arts, tous les gouts,
tous les talents de plaire.
Pompadour, vous embellissez
la cour, le Parnasse et Cythère

de la Asunción, donde estudiaban las hijas de la alta nobleza y con solo nueve años ya estaba prometida al duque de Picquigny, hijo del duque de Chaulnes, Par de Francia y descendiente de una familia de la ilustre casa de Luynes. Todo parecía, pues, que la joven iba a disfrutar de una vida respetable y feliz. Sin embargo, una súbita e inesperada peritonitis aguda acabó su vida y, en consecuencia, con la alegría de su madre.

Por entonces, además, la tuberculosis había hecho presa en Jeanne-Antoinette y ya no era aconsejable que el rey continuara frecuentando su alcoba. No le importó. Es más, fomentó los encuentros amorosos del rey con otras mujeres siempre más jóvenes que ella. Sabía que ninguna iba a ocupar su lugar. La pasión se había apagado, pero la amistad se mantenía incólume. Se dice que un día, cuando la reina María Leczynska paseaba por Versalles llegó a un bosquecillo por el que solía pasear Madame Pompadour en compañía del rey. Preguntó al jardinero:

—¿Cómo se llama este bosquecillo?

A lo que el buen hombre respondió:

—Antes le llamaban del Amor pero hoy solo es de la Amistad.

Convencida de que su fin se acercaba, se reconcilió con la iglesia y prácticamente permanecía todo el día recluida en sus habitaciones. Residir en la corte se convirtió en un auténtico tormento. Solo ansiaba descansar y alejarse de los fastos mundanos. Madame de La Ferté-Imbault[52] que, en el invierno de 1764, fue a visitarla en Versalles comentó su decadencia:

> La vi bella y grave, a pesar de que se quejaba de no dormir, de digerir mal y de sofocarse cada vez que subía una escalera…Aseguró que era una gran demostración de afecto la que daba al rey al quedarse a vivir junto con él, pero que sería

---

[52] Mme de la Ferté-Imbault (1715-1789) era hija de la *salonnière* Madame Geoffrin.

mil veces más feliz si pudiese vivir sola y tranquila en su castillo de Ménars, pero que el rey no sabría qué hacer si ella le dejaba [...] Me pareció arrebatada y enfurecida y nunca he oído tan bello sermón para exhibir las desdichas de la ambición; la vi tan desgraciada y tan abrumada por su poderío supremo que salí de su casa convencida de que no le quedaba más refugio que la muerte.

No se equivocaba. Con la salud cada vez más mermada, a pesar de que solo contaba 42 años, la que un día fuera la más seductora dama de la corte se había convertido en una mujer entrada en carnes, con la cara llena de arrugas, canosa y perpetuamente refugiada en el lecho entre toses y vómitos de sangre. Incluso su celebrada piel había perdido su brillo legendario y había cobrado un tétrico color ceniciento. Pese a ello, Luis XV no la había olvidado y acudía a visitarla varias veces al día.

A comienzos de abril de 1764 redactó su testamento en el que pedía a Dios la gracia de morir en paz con su conciencia. Pocos días después se confesó y recibió la extremaunción. Murió a las siete de la tarde del 15 de abril de 1764. La etiqueta cortesana no permitía que nadie que no fuera miembro de la familia real muriera en Versalles. Tan discretamente se la trasladó a su mansión que Luis XV se lamentó de los escasos honores que había podido rendir a la «amiga más leal desde hace veinte años!». Dos días después se procedió a su entierro. Esa jornada, el cielo de Versalles quiso vestir luto y se cubrió de negros nubarrones. Justo cuando el cortejo pasó bajo las ventanas de su gabinete de trabajo, el monarca exclamó: «La marquesa no gozará de buen tiempo para su último viaje»[53]. Ella que tanto amaba la luz y el color, abandonó Versalles sumida en la oscuridad.

[53] *«La marquise n'aura pas beau temps pour son dernière voyage.»*

MADAME DU BARRY

Jeanne Bécu, Madame du Barry. Litografía de Delpecin (s. xix).

XI

Madame du Barry, la última favorita

(1743-1793)

E l 22 de abril de 1769 Jeanne du Barry, cubierta de diamantes, bellísima y arrogante, presidió su primer baile en Versalles. Era el colofón de una vida impulsada por la ambición y el azar a partes iguales y a la que se había visto abocada una joven cuyo único patrimonio era su extraordinaria belleza. Se sentía una triunfadora y su actitud era claramente desafiante. Una forma de actuar que no pasó desapercibida a la perspicacia de Stéphanie Ducrest de St-Aubin, condesa de Genlis, escritora y tutora de los hijos de los duques de Chartres, quien años después escribió:

> Iba magníficamente vestida y con exquisito gusto. De día su cara estaba marchita y las pecas oscurecían algo su tez, pero de noche estaba radiante. Aunque sus rasgos no eran excesivamente bellos, tenía los cabellos de un rubio encantador, bonitos dientes y una fisonomía muy agradable. Sin embargo, su belleza se veía eclipsada por su actitud de un descaro insoportable.

Posiblemente, si la descripción de la sustituta de Madame de Pompadour la hubiera hecho un hombre, hubiera sido mucho más generoso, porque Madame du Barry poseía el defecto de causar la envidia de las mujeres y atraer poderosamente a los hombres. Un atractivo, un sex-appeal que la convirtió, en palabras del propio Luis XV, en «la única mujer de Francia que le hacía olvidar que era sexagenario»

Todo había comenzado en Vaucouleurs (Lorena) veinticinco años atrás cuando Anne Bécu, una costurera de gran belleza y menor virtud, hizo olvidar su voto de castidad a un monje llamado en la vida civil Jean Baptiste Gomard de Vaubernier. El resultado del *affaire* fue el nacimiento, el 18 de agosto de 1743, de una niña a la que su madre llamó Jeanne, en homenaje a un padre que nunca ejerció como tal. El escándalo que supuso el nacimiento de la pequeña, obligó a la costurera a trasladarse a París. Una decisión muy acertada ya que, poseedora de muchas de las cualidades que permitirían a su hija escalar hasta lo más alto, en la capital del Sena encontró marido y, sobre todo, un auténtico padre para su hija. Se llamaba Nicolás Ranson de Montrabé, y era por decirlo en pocas palabras, un buen hombre. Preocupado por el futuro de la pequeña Jeanne cuya belleza ya despuntaba y hacía temer un destino similar al de su madre, la internó en el colegio de Sainte Aurée donde permaneció nueve años en medio de una severísima disciplina.

Los temores de Monsieur Ranson no eran infundados. Las tentaciones de la capital eran muy poderosas para una muchacha tan bella y ambiciosa como Jeanne. De ahí, que cuando a los 15 años abandonó el colegio y se contrató como lectora de una tal Madame Lagardère, acabara en los brazos del dueño de la casa. Es más, el romance surgió cuando Jeanne le pidió protección ante la persecución implacable a la que la sometía la esposa del hijo de los Lagardère quien escandalizaba al París bienpensante por sus inclinaciones lésbicas. La dama, percatándose de los encantos de la asistente de su suegra, intentó seducirla pero Jeanne rechazó a la discípula de Safo y prefirió amores más convencionales. Lógicamente fue despedida y puesto que, tras el escándalo, ni su madre ni su padrastro quisieron hacerse cargo de ella, Jeanne tuvo que ingeniárselas para ganarse la vida.

La preparación en el convento de religiosas le fue útil. Su destreza con la aguja le permitió emplearse como bordadora, modista, y sombrerera, al tiempo que, condicionada siempre por sus necesidades materiales e impulsada por una intensa sensualidad, iniciaba una vertiginosa carrera amorosa. Financieros, militares y cortesanos se sucedieron en los favores amorosos de Jeanne Bécu. A cambio, la joven pudo comenzar a disfrutar de los vestidos caros, las joyas y los ambientes refinados. Su belleza la llevó a posar como modelo de pintores y escultores y fue en el taller de uno de ellos donde conoció al modisto de moda en la corte, Monsieur Labille, quien le ofreció un puesto de dependienta en su comercio.

Allí conoció a Jean Baptiste du Barry, un miembro de la pequeña nobleza tolosana instalado en la capital tras su matrimonio con una dama parisiense. Una vez allí, puesto que las escasas rentas heredadas de sus mayores no le permitían vivir tal como a él le gustaba, abrió sus salones al juego y, sobre todo, se ganó una bien merecida fama de mediador entre hermosas señoritas de compañía y los altos cargos de la corte. Pero, puesto que en la ceremoniosa Francia del siglo XVIII un hombre de su condición no podía ser tachado de proxeneta, en París se decía que gozaba «de muchas y variadas relaciones». Evidentemente, no tardó en comprender que Jeanne podía ser la gallina de los huevos de oro. Solo le faltaba un cierto refinamiento y, decidido a hacer del diamante en bruto la joya de la corona, se aprestó a enseñarle las normas elementales del protocolo, a vestirse, a moverse y saberes más íntimos y delicados que le iban a permitir que los hombres cayeran irremediablemente rendidos ante ella.

Jeanne fue buena alumna y no tardó en convertirse en una excelente fuente de ingresos para du Barry. Frecuentaba la corte y entre otros muchos tuvo como amantes al mariscal Richelieu, ahijado de Luis XIV y sobrino-nieto del Cardenal del mismo nombre, el conde de Fitz-James, el marqués de Arcambal y, sobre todo, el financiero Sainte-Foy, con quien mantuvo una larga relación de dos años que le sirvió para cubrir el último peldaño antes de alcanzar el trono.

La muerte de Madame Pompadour en 1764 había dejado al soberano totalmente desolado. Du Barry vio en seguida la ocasión de entronizar a su protegida y, al tiempo, hacer méritos para beneficio propio al aliviar la soledad del monarca. Un asunto con el ministro Choiseul le sirvió de pretexto para que Jeanne le acompañara a Versalles. Una vez allí, la presentó al rey quien, como era de esperar, cayó rendido a sus pies.

La noticia de un nuevo *affaire* sentimental del sexagenario monarca corrió como la pólvora por la corte ante el escándalo de *mesdames* Adelaida, Victoria y Sofía, las hijas solteras de Luis XV, quienes desde su condición de guardianas de la moral y las buenas costumbres en Versalles habían hecho la vida imposible a Madame de Pompadour. Iniciaron pues una feroz campaña contra la nueva favorita y un suceso inesperado acudió en su ayuda. En junio de 1768, murió la reina María Leczinska. El luto exigía que, al menos, se guardaran las apariencias y de esta forma la entronización pública de Madame du Barry pareció quedar en el olvido. Así fue, pero por menos tiempo de lo que esperaban y deseaban.

Había transcurrido apenas un mes del fallecimiento de la reina, cuando una misteriosa joven ocupó una de las alas del castillo de Compiègne. La nueva inquilina tenía servidumbre propia, su carroza llevaba escudo nobiliario y, de acuerdo a la etiqueta palaciega que no admitía que residiera en las residencias reales una mujer soltera que no fuera miembro de la familia real, se hacía pasar por una mujer casada a la que llamaban Madame du Barry. Pero lo más escandaloso es que el rey viudo pasaba la práctica totalidad del día en su compañía. La camarilla de *mesdames* no tuvo demasiado trabajo para descubrir que la nueva favorita no era otra que Jeanne y averiguar su escandaloso pasado. Es más, pudieron demostrar que se hacía llamar Madame du Barry, sin que existiera un Monsieur du Barry, y rápidamente la tacharon de impostora.

Pero ni Du Barry ni Jeanne estaban dispuestos a perder todo lo conseguido. Había, pues, que improvisar una boda y tenían el candidato perfecto. Se llamaba Guillaume du Barry, era hermano del protector de Jeanne, estaba soltero y tenía un peculiar sentido del honor que le llevaba a prestarse para justificar el «madame» que utilizaba la nueva favorita a cambio de una buena cantidad de dinero.

En el mayor de los sigilos, el 11 de septiembre de 1768, Jeanne contrajo matrimonio con Guillaume du Barry en la Iglesia de Saint Laurent de Paris. El flamante marido, con un título nobiliario, 5000 libras de renta en el bolsillo y un contrato matrimonial por el que la esposa se comprometía a cargar con las costas materiales y la educación de los hijos si los hubiera, regresó ese mismo día a Toulouse para no volver a pisar jamás la capital. Horas después, ante la desesperación de *mesdames*, la ya legalmente Madame du Barry se instaló en Versalles para, pocos meses después, hacer su deslumbrante presentación oficial en la corte.

Es justo reconocer que desde su esplendorosa y desafiante entrada oficial en Versalles, Jeanne du Barry además de complacer la intimidad del rey, supo continuar la obra iniciada por Madame Pompadour e incentivó el interés real por determinados artistas. De esta forma, Claude Nicolas Ledoux (1736-1806) fue, gracias a la protección de la favorita, el responsable de la construcción de la Salina real de Arc et Senan, en Besançon, y de la Ferme générale, una muralla de 24 km. y 6 metros de altura que, a modo de cerco fiscal, rodeaba París. Otro tanto sucedió con Jean-Honoré Fragonard (1732-1806) a quien Madame du Barry encargó la decoración de un pabellón del castillo de Louveciennes y una serie de cuadros que acabaron por convertirlo en el pintor de moda de la corte.

Instalada en Versalles, poco pudieron hacer sus enemigos encabezados por Choiseul y la camarilla de *mesdames*. Su encanto podía con todos. No le costó lograr la destitución de Choiseul pero cuando *mesdames* y su camarilla desesperaban de poder neutralizar a tan poderosa rival, apareció una poderosa aliada: la nueva Delfina.

María Antonieta, educada en la rígida corte austriaca, sintió una instintiva repulsión hacia aquella mujer de quien le comentaron que tenía como misión «divertir» al rey y, desde el primer momento, le demostró el más absoluto desprecio. La situación llegó a ser tan tensa que hubo de intervenir el propio monarca quien obligó a la Delfina a cesar en su actitud. No fue demasiado lo que consiguió, pero cuando el 1 de julio de 1772, María Antonieta, se dirigió a la favorita en público y le dijo «Parece que hoy Versalles está muy concurrido», la corte entera se revolucionó y Jeanne du Barry creyó haber derrotado a sus enemigos. Se equivocaba. Alentada por el que parecía su triunfo definitivo, Madame du Barry organizó en su recién construido palacete de París una espléndida fiesta a la que invitó a la corte en pleno pero a la que solo asistieron una veintena de invitados. La Delfina y *mesdames* continuaron haciéndole la vida imposible y la favorita hubo de resignarse a no contar más que con el rey.

Un soporte que tenía fecha de caducidad. En la primavera de 1774, cuando el monarca cayó víctima de la viruela, Jeanne se dispuso a permanecer a la cabecera del enfermo. Sin embargo, ante su sorpresa, se le impidió el paso a las habitaciones reales. Luis XV, comprendiendo que su vida llegaba a su fin, había confesado, comulgado y pedido público perdón por lo que calificó de «conducta escandalosa». Luego, había dado órdenes de que Jeanne no traspasara la puerta de las alcobas reales. Tres días después, murió.

El mismo día de los funerales, Madame du Barry fue conducida por un destacamento de la guardia real a la abadía de Pont-aux-Dames, a las afueras de Paris. Tras once meses de reclusión, se le prohibió regresar a la corte pero se le permitió retirarse primero a su castillo de Corbeil y luego a Louveciennes. Allí vivió su último y tal vez verdadero amor. Fue un breve pero intenso romance con Louis-Hercule-Timoléon de Cossé, duque de Brissac y gobernador de París, a quien había conocido años atrás. A su lado reemprendió la vida social e incluso logró que su antaño enemiga, María Antonieta, le enviara un mensaje de agradecimiento cuando amparó a unos soldados heridos en las primeras escaramuzas revolucionarias.

El estallido de la Revolución impidió que Jeanne du Barry continuara con su ahora apacible vida. En enero de 1791 unos desconocidos asaltaron su mansión y robaron sus joyas. No tardó en saber que estas habían sido halladas en Londres y sin pensarlo dos veces, Jeanne viajó a la capital británica. Ignoraba que sus sucesivos viajes a Londres la convertían en sospechosa de connivencia con los exiliados realistas y que ese iba a ser el origen de la espiral de terror en la que vivió sus últimos meses.

En septiembre de 1792, Brissac fue masacrado por las turbas revolucionarias y su cabeza, ensartada en una pica, se arrojó a los pies de Jeanne por una muchedumbre furiosa que forzó la entrada de su residencia. «No se muere de dolor» escribió por entonces a una amiga. Por fin, en septiembre de 1793, con motivo de sus reiterados viajes a las islas Británicas se la detuvo bajo la acusación de evasión de capitales. Tras unos meses en la prisión de Sainte Pélagie, se inició un proceso en que salió a relucir la generosidad de Luis XV para con ella y se le acusó de facilitar fondos a los contrarrevolucionarios. Toda defensa fue inútil y el 7 de diciembre de 1793, la guillotina segó la hermosa garganta de la que había sido la última favorita del Antiguo Régimen.

Su memoria iba a perdurar, al menos, en la célebre cuarteta con que Voltaire respondió a una de sus cartas en la que se despedía con dos besos:

Cuánto son dos besos al final de la vida,
hermoso pasaporte que os dignáis enviarme.
Dos son muchos, mi adorable Egérie,
pues moriré de placer con el primero.

DOROTHEA JORDAN

Dorothy Jordan. Grabado de Mackenzie,1805.
National Portrait Gallery.

XII

Dorothea Jordan, el amor imposible de Guillermo IV de Inglaterra

(1761-1816)

Hijo de Jorge III, el llamado «rey loco» británico, y de Carlota de Mecklenbugo, Guillermo de Hannover, duque de Clarence, nació en Londres el 21 de agosto de 1765. Irresoluto, excéntrico y de humor variable, se decidió que la carrera militar podría ser el mejor remedio para fortalecer su carácter y, con este propósito, ingresó en la armada británica en 1779 donde sirvió hasta 1787 y donde alcanzó el grado de almirante… Hasta ahí todo parece el comienzo de la biografía de uno de tantos segundones de la casa real británica. Sin embargo, el destino, siempre imprevisible, llevó al duque de Clarence a convertirse en Guillermo IV de Inglaterra.

Otro tanto sucedió con una humilde muchacha irlandesa. Su vida fue muy distinta a cómo parecía que iba a ser. Se llamaba Dorothea Bland y había nacido el 21 de noviembre de 1761 en Waterford (Irlanda). Era hija de Francis Bland, un hombre perteneciente a una ilustre familia de la localidad que abandonó su cómoda posición para convertirse en tramoyista y seguir los pasos de la mujer que había de ser la madre de sus hijos, una actriz originaria del País de Gales llamada Grace Phillips. Por lo visto, Francis sentía autentica debilidad por el arte de Talía puesto que en 1774, cuando Dorothea —la mayor de sus tres hijos— tenía trece años, abandonó a su familia para correr en pos de otra dama del teatro, en este caso tan irlandesa como él.

Grace y sus hijos quedaron prácticamente sin recursos. La madre intentó en vano retomar su carrera de actriz pero, intuyendo las dotes interpretativas de Dorothea, decidió que bien podía ser ella la continuadora de la saga actoral y la inició en los escenarios a fin de que colaborara en la economía familiar. Así, en 1777, la joven Dora —como le gustaba ser llamada— Bland debutó en Dublín interpretando a la Phoebe de *Como gustéis* de William Shakespeare. Su consagración, no obstante, no llegó hasta dos años después con el papel protagonista de la obra de Henry Fielding[54], *La virgen desenmascarada*, que se representó en el Crown Street Theatre de la capital irlandesa.

Un año después, ya como cabecera de cartel, adoptó el nombre de Dorothea Jordan y comenzó la que sería una exitosa carrera en el Drury Lane Theatre de Londres. La razón del cambio de nombre se debió a un presunto matrimonio que, en realidad, nunca existió pero que le sirvió para dar una cierta aureola de respetabilidad a su persona (las actrices solteras eran consideradas mujeres fáciles) y, además, para dar legitimidad a la hija nacida de sus relaciones con Richard Daly, director del Theatre Royal de Cork (Irlanda) que estaba casado. No fue, por supuesto, su único amor de juventud. A Daly le sucedieron en el corazón de Dorothea un teniente de la Armada británica llamado Charles Doyne; el actor George Inchbald, compañero de reparto en la compañía de teatro Tate Wilkinson, y hacia 1786, el abogado Sir Richard Ford con el que tuvo tres hijos pero con el que tampoco contrajo matrimonio.

Actriz intuitiva, dúctil y, más que hermosa, atractiva todo indicaba que a Dorothea le esperaba una triunfante carrera sobre las tablas. Así fue hasta que, en 1791, entró en su vida un joven aristócrata: el duque de Clarence. La actriz lo aventajaba en trece años y otros tantos de experiencia pero ni la edad ni la diferencia de clases les importó.

---

[54] Henry Fielding (1707-1754) fue un novelista y dramaturgo inglés al que se conoce como el iniciador junto con Samuel Jones de la narrativa inglesa. Su novela más famosa es *Tom Jones*.

La pasión entre ambos fue arrebatadora. Al inicial flirteo sucedió una relación estable y, pocos años después, la convivencia. Instalados desde 1797 en una elegante mansión, Bushy House[55] al sudoeste de Londres, la pareja vivió un largo e intenso romance que escandalizó a las mentes bien pensantes del reino.

Guillermo y Dorothea no se escondían. Ella continuó con su exitosa carrera sobre las tablas pero acompañaba al duque de Clarence en los actos oficiales, paseaban juntos, asistían al teatro y daban innumerables fiestas. Los jardines y las estancias de Bushy House vieron, pues, crecer felices a los diez hijos de la pareja, todos legitimados con el apellido Fitz James: George (1794-1842), Henry Edward (1795-1817), Sophia (1796-1837), Mary (1798-1864), Frederick (1799-1854), Elizabeth (1801-1856), Adolphus (1802-1856), Augusta (1803-1865), Augustus (1805-1854) y Amelia (1807-1858).

Eran felices. Tanto que parecieron ignorar las nubes que amenazaban por el horizonte. Mientras Guillermo y Dorothea disfrutaban de su amor, la opinión pública inglesa se alarmaba ante la demencia del rey Jorge III y la conducta poco ejemplar de su hijo y heredero, el futuro Jorge IV (1762-1830). El príncipe heredero, pese a ser brillante y cultivado, llevaba una vida disipada que no parecía ser la mejor garantía para un futuro rey. Pese a tales reservas, en 1789 el progresivo deterioro mental del rey obligó a instituir una regencia en su persona. Y, dado que el futuro Jorge IV no había tenido sucesión masculina de su polémico matrimonio con Carolina de Brunswick[56], su hermano Guillermo pasó automáticamente a convertirse en heredero del trono británico.

No era, pues, conveniente que el futuro rey viviera amancebado con una actriz. Por tanto, por disposición del Parlamento se le

---

[55] Bushy House fue construida entre 1700 y 1715 por el prestigioso arquitecto Charles Montagu. En la actualidad es la residencia del National Physical Laboratory.

[56] Jorge IV había contraído previamente matrimonio morganático con una católica llamada María Ana Fitzhebert. Obligado por el Parlamento a contraer nuevas nupcias lo hizo con la princesa alemana Carolina de Brunswick quien le dio una única hija, Carlota, considerada un auténtico milagro ya que la reina proclamó a los cuatro vientos, antes de separarse, que solo había mantenido tres contactos sexuales con el rey.

obligó a romper su relación con Dorothea Jordan en 1811 y se concertó su matrimonio con una princesa de sangre real que diera continuidad a la dinastía. La elegida fue una joven princesa alemana, Adelaide, hija del duque Jorge de Sajonia-Meiningen, nacida en 1792 y a la que Guillermo doblaba la edad.

Dorothea no asumió nunca la ruptura. Ciertamente, el aún duque de Clarence no dejó económicamente desatendida a su antigua amante y madre de sus hijos. Una espléndida renta y una mansión en Gifford Lodge hubieran permitido a Dorothea Jordan seguir manteniendo su elevado nivel de vida y cuidar de sus hijos, pero sin embargo una serie de graves e inesperados apuros económicos, en los que algunos autores creen ver la mano de sus enemigos, hizo que Guillermo reclamara la custodia de los hijos nacidos de su relación con Dorothea y los hiciera instalarse de nuevo en Bushy House, la mansión que había sido testigo de su romance con la actriz y que ahora iba a compartir con su esposa Adelaida.

Sola y hundida, rechazó toda ayuda del futuro Guillermo IV y abandonó Inglaterra en 1815 para instalarse en St. Cloud, cerca de París, donde murió un año después al borde de la indigencia.

En 1818, Guillermo contrajo su proyectado matrimonio con Adelaide de Sajonia-Meiningen, una unión sosegada y cordial que puso el contrapunto oportuno al imprevisible carácter del rey. Solo lo enturbió el hecho de no lograr la tan esperada sucesión ya que las dos únicas hijas del matrimonio, Charlotte Augusta Louise y Elizabeth Georgina Adelaida, murieron antes de cumplir el año.

Ni siquiera alteró la vida conyugal el hecho de que Guillermo, aún cuando ascendió al trono como Guillermo IV y hasta su muerte, mantuviera en su despacho un retrato de la mujer a la que tanto amó. Es más, cuando Dorothea murió en París, el duque de Clarence ordenó a sir Francis Chantrey (1781-1741) la creación de una escultura en la que Dorothea apareciera en actitud maternal con idea de que coronara un cenotafio a su memoria en la Abadía de Westminster. No pudo ser.

Las autoridades religiosas se negaron a mantener en el recinto sagrado, la imagen de una mujer considerada de vida disoluta.[57]

Adelaide, por su parte, ejerció sobre su esposo un gran ascendiente e influyó en muchas de las determinaciones políticas de su marido. Mujer de una acendrada religiosidad, dotada de una relativa conciencia social y preocupada por el bienestar de sus súbditos, tuvo mucho que ver en la aprobación de leyes como la abolición de la esclavitud en las colonias (1833), la reforma de las leyes contra la pobreza (1834) y la Reforma Municipal (1835). Viuda en 1837, vivió apartada de la corte y dedicada por completo a las obras de caridad. Murió en 1849 en la mansión donde Dorothea había sido feliz: Bushy House. Y, como en el caso de otras amantes reales, el reconocimiento que Dorothea no consiguió en vida, la lograron sus descendientes ya que de los hijos de Guillermo IV y Dorothea Jordan descienden, entre otros, la escritora escocesa Violet Jacob (1863-1946), el diplomático Duff Cooper, Vizconde de Norwich (1890-1954), Sir Willian Sidney que fue Gobernador general de Australia (1909-1991) y David Cameron (n. 1966) Primer Ministro del Reino Unido y líder del Partido Conservador británico.

---

[57] La estatua pasó a manos de los hijos de Dorothea, luego al Ashmolean Museum y en 1980 se instaló en Buckingham.

MARIA WALEWSKA

Retrato de María Walewska.

XIII

Maria Walewska, la amante polaca de Napoleón

(1786-1817)

A fines del siglo XIX, el historiador francés Fredéric Masson (1847-1923) publicó una completa biografía de la condesa polaca María Walewska, a instancias de sus nietos quienes le facilitaron los diarios personales de la protagonista. El interés del libro era obvio. Conocida como «la esposa polaca de Napoleón», la condesa, fallecida en 1817, había vivido una breve pero apasionada historia de amor con el Gran Corso a quien dio un hijo. Pero su lugar en la historia se lo dio el hecho de ser la responsable directa de que, bajo la hégira napoleónica, Polonia pasara a convertirse en el Gran Ducado de Varsovia y pudiera escapar, al menos por un tiempo, de la tiranía de rusos y prusianos siempre en disputa por el territorio.

María había nacido el 7 de diciembre de 1786 en Kiernozia, a unos cien kilómetros al oeste de Varsovia, en una familia de rancio abolengo y escasos recursos, los Leczynski. Era la menor de siete hermanos[58] y contó en su infancia con profesores tan notables como Nicolás Chopin, padre del célebre compositor[59]. Al llegar a la adolescencia, ingresó en un convento para completar su educación tal como era costumbre entre la nobleza polaca de la época, y al concluir sus estudios,

---

[58] Benedykt Jozef, Hieronim, Teodor, Honorata, Katarzyna y Urszula-Teresa.
[59] Federico Chopin (1810-1849).

recién cumplidos los dieciocho años, se apalabró su matrimonio con el conde Anastase Colonna Walewski, cabeza de una de las más nobles casas polacas y extremadamente rico. Solo tenía un defecto: aventajaba a María en más de cuarenta años. Es más, el menor de los nietos habidos de un anterior matrimonio era diez años mayor que María. Pero la joven decidió sacrificarse gustosa por el bien de sus hermanos y su madre. El cabeza de familia había fallecido y la viuda Leczynska a duras penas podía sacar adelante su hacienda y criar al resto de sus hijos tal como correspondía a su rango social.

Instalada en Varsovia y ya madre de un hijo Antoni Rudolf Bazyli Colonna-Walewski, supo de la llegada del Emperador a tierras polacas. Napoleón representaba en aquel momento el salvador que podía librar a Polonia de las ambiciones rusas. Ningún polaco ocultaba su admiración por su persona y mucho menos la joven María que, junto con su esposo, frecuentaba los círculos bonapartistas de la capital. No es de extrañar, pues, que el 1º de enero de 1807, conocedora de que, tras derrotar a Prusia en Jena, se dirigía a Varsovia acudiera a aplaudirlo junto con una amiga. Fue su primer encuentro y así lo narró la propia María en su diario:

Como éramos dos mujeres solas, sin un hombre para protegernos, fuimos apretujadas, empujadas y hasta sofocadas. En esta situación desesperada y peligrosa, temí no ver el triunfo que tanto me interesaba. Fue en ese momento cuando oímos el ruido de su carroza y las aclamaciones de la muchedumbre venida para acogerle. Aprovechando un instante de silencio, lancé un grito de desamparo a un oficial francés de alto rango ante el cual la turba se hizo a un lado. Tendí el brazo hacia él y le grité en francés con una voz suplicante: «¡Ah Señor, ayudadme a apartarme de aquí y dejadme verlo, aunque sea un instante!» Me vio y, sonriendo, tomó mi mano y mi brazo. Para mi gran sorpresa, me condujo a la mismísima puerta de la carroza del Emperador. El Emperador estaba sentado junto a la ventana y este galante oficial nos presentó diciendo: «Mirad, Sire, esta bella dama se enfrentó a los peligros de la muchedumbre por vos.» Napoleón se agachó y levantó su sombrero diciendo palabras que, en mi emoción, no comprendí. Logré articular, con una voz entrecortada: «Sed bienvenido, mil veces bienvenido a nuestro país. Nunca podremos expresar con bastante fuerza toda la admiración que sentimos por vos así como nuestra dicha de veros en la tierra de nuestros padres. Esperábamos que vinieseis a salvarnos».

María Walewska era una mujer bella. De cabellos castaños, piel blanca y ojos claros, tenía modos de gran dama y una sonrisa encantadora. Napoleón que no era, ni mucho menos, indiferente ante los encantos femeninos[60], insistió en volver a verla. El interés del Emperador por la condesa no tardó en llegar a oídos del príncipe Poniatowski, ministro de la guerra y uno de los líderes del partido bonapartista polaco, que vio el cielo abierto. La joven condesa Walewska —decidió— iba a ser el vehículo para que Polonia consiguiera la protección francesa frente a las ambiciones prusianas y rusas.

Rápidamente organizó un baile en su mansión en honor del Emperador y lo dispuso todo de forma que fuera María quien abriera el baile con el homenajeado. Bien por coquetería, bien por principios, María Walewska tuvo la osadía de no rendirse a la primera de cambio al hombre ante el que se inclinaba toda Europa. Es más, cuando al día siguiente del baile Napoleón le envió un enorme ramo de rosas blancas con una roja en el centro pidiéndole que la prendiera en su vestido para acudir a una cena privada en sus aposentos, María entró en cólera y, en primera instancia, se negó. Se sabía un instrumento en manos de los políticos de su país —entre los que se contaba su propio marido— y,

---

[60] Si bien su gran amor fue, sin duda, la Emperatriz Josefina y sintió verdadero afecto por María Walewska, lo cierto es que tuvo numerosas amantes a lo largo de su vida.

por otra parte, le repugnaba, según explica en sus memorias, la prepotencia con la que el Emperador se dirigía a ella. Bonaparte hubo de reunir a más comensales para conseguir que los Walewski y no solo María, acudieran a la cena. Aún así, se mostró fría y distante y no lució la rosa roja tal como Napoleón deseaba.

Como era de esperar, al día siguiente tanto Poniatowski como su propio esposo le pidieron explicaciones por su actitud, acusándola de conducta «poco patriota». Al poco, siempre según sus diarios, como si el destino quisiera darle otra oportunidad, recibió una nota escrita por el propio Bonaparte, que rezaba:

> Hay momentos en la vida en que una posición demasiado elevada pesa como una carga, y es lo que siento yo ahora. ¡Ah, si usted quisiera!... Solo usted puede apartar los obstáculos que nos separan. Mi amigo Duroc[61] le facilitará los medios. ¡Oh, venga, venga! Todos sus deseos serán cumplidos. Cuando tenga usted piedad de mi pobre corazón, su patria me será más querida.

Si se sintió halagada por las palabras del todopoderoso hombre que la asediaba o decidió «inmolarse» en aras de su patria, nadie lo sabrá jamás. Lo cierto es que accedió a las pretensiones del Emperador y, con el tiempo, acabó por amarle sinceramente. La relación no se prolongó en el tiempo pero fue lo suficientemente larga como para que, en 1807, Napoleón proclamara el Gran Ducado de Varsovia que concedía a Polonia un cierto estatus de independencia. Un efímero episodio que solo duró hasta 1814 cuando, tras la derrota de Napoleón, el Congreso de Viena repartió el territorio entre las potencias vencedoras.

Cuando esto sucedió, la relación entre Napoleón y María ya había terminado. Habían sido cuatro años de un amor intenso que habían dado como fruto un hijo, Alejandro José Colonna, conde Wa-

---

[61] Asistente personal de Napoleón.

lewski (1810- 1868) que hubo de llevar los apellidos del esposo de María al seguir esta casada con él. Para entonces, María ya residía en Francia en una residencia palaciega de la *rue* de Montmorency y recibía una renta de 120.000 francos anuales.

Así hasta que, en 1811, el Emperador comprendió que necesitaba un heredero. Josefina Beauharnais, su esposa legal, era estéril; reconocer al hijo de su amante polaca no era procedente. Debía pues, casarse de nuevo. La elegida fue María Luisa de Habsburgo (1791-1847) hija del emperador de Austria, Francisco I. Era evidente que una de las condiciones para concertar el matrimonio eran el divorcio de Josefina y el cese de su relación con la «esposa polaca» como se conocía a María Walewska. La boda con la princesa austriaca se celebró en 1810 y un año después nació el Rey de Roma[62].

Napoleón no abandonó a María ni a su hijo. Aceptó la razón de estado pero procuró, que el futuro de su «esposa polaca» y de su hijo quedara bien asegurado. Entregó a María una hacienda en Nápoles que le permitiría contar con una renta de 170.000 francos al año. Por amor o por agradecimiento, lo cierto es que, de todas las mujeres de su vida, solo María estuvo a su lado a la hora de la caída del Imperio. Bien lo demostró yendo a visitarlo a Santa Elena donde Bonaparte vivía exiliado. Es más, su intención era permanecer a su lado convencida de que, con María Luisa y el rey de Roma refugiados en la corte de su padre y abuelo en Viena, ya nada podía separarles. Pero el propio Napoleón no lo consintió. Se sabía, probablemente, en peligro y quiso evitar cualquier riesgo a una de las mujeres que más había amado.

María Walevska, pues, regresó de nuevo a París con el hijo habido de sus relaciones con Bonaparte. Viuda desde 1812, en septiembre de 1816, contrajo matrimonio con el conde Philippe Antoine d'Ornano (1784-1863), mariscal de Francia y primo segundo de Na-

---

[62] Rey de Roma es el título con el que Napoleón designó a su hijo y heredero, Napoleón Francisco José Carlos Bonaparte (1811-1832) a quien también se conoció como «El aguilucho» por ser hijo del «Águila imperial» es decir, Napoleón Bonaparte.

poleón. Un año después falleció al dar a luz a su tercer hijo, Rodolfo Augusto. Acababa de cumplir 31 años. Su cuerpo fue trasladado a Polonia, pero su corazón se enterró en la cripta familiar de los Ornano en el cementerio de Pére Lachaise en París. Fue una decisión muy acertada. Su cuerpo era el precio que Polonia había pagado por su libertad, pero su corazón debía quedarse en París, la ciudad donde había latido con más fuerza.

Dorothea Jordan caracterizada para el papel de Peggy en «The country girl».
Óleo sobre lienzo por George Romney. National Trust, Waddesdon Manor
Waddesdon, Buckinghamshire.

Dorothea Jordan caracterizada para el papel de Hipólita. Óleo sobre lienzo por John Hoppner (1758-1810). National Portrait Gallery, Londres (Reino Unido).

Dorothea Jordan caracterizada para el papel de Rosalinda. Óleo sobre lienzo por John Hoppner (1758-1810). National Portrait Gallery, Londres (Reino Unido).

La condesa Walewska. Óleo sobre lienzo por François Gérard (1770-1837). Musée du Châteaux de Versalles (Francia).

La condesa María Walewska. Óleo sobre lienzo por Robert Lefèvre (1755-1830). Colección particular.

María Walewska en su juventud. (*Derecha*) Retrato al pastel de autor desconocido. Colección Particular.

María Ricci, segunda esposa de Alejandro, el hijo habido de la relación entre María Walewska y Napoleón. Óleo sobre lienzo por Louis Edouard Dubufe (1819-1993). Musée d'Orsay, París (France).

Domitila de Castro, marquesa de Santos. Óleo sobre lienzo por Francisco Pedro do Amaral (1790-1831). Museo Histórico Nacional, Rio de Janeiro (Brasil).

Retrato de la Marquesa do Santos. Óleo sobre lienzo de autor desconocido (s. XIX).
Museo Paulista, Universidad de Sao Paulo (Brasil).

Lola Montes. Óleo sobre lienzo por Joseph Karl Stieler (1781-1853). Castillo de Nymphenburg, Munich (Alemania).

Fotografía de Lola Montes hacia 1850. Metropolitan Museum of Art, Nueva York (EE. UU.).

Lola Montes en 1848. Óleo sobre lienzo por Friedrich Dürk (1809-1884).
Victoria Museum, Melbourne (Australia).

Fotografía de Lola Montes hacia 1840. Victoria Museum, Melbourne (Australia).

Carteles promocionales de dos películas inspiradas en la figura de Lola Montes. A la izquierda la dirigida por Max Ophuls en 1955 con Martine Carol como protagonista. A la derecha, la dirigida por Antonio Román en 1944 que protagonizó la actriz española Conchita Montenegro.

Elena Sanz Martínez de Arizala en una fotografía de 1892.

(*Izquierda*) Elena Sanz caracterizada para la escena. Fotografía fechada en 1890.

Katia Dolgoruki en una fotografía de Sergéi Lvóvich Levitski y Rafail Sergéyevich Levitski fechada en 1880. The di Rocco Wieler Private Collection. Toronto (Canadá).

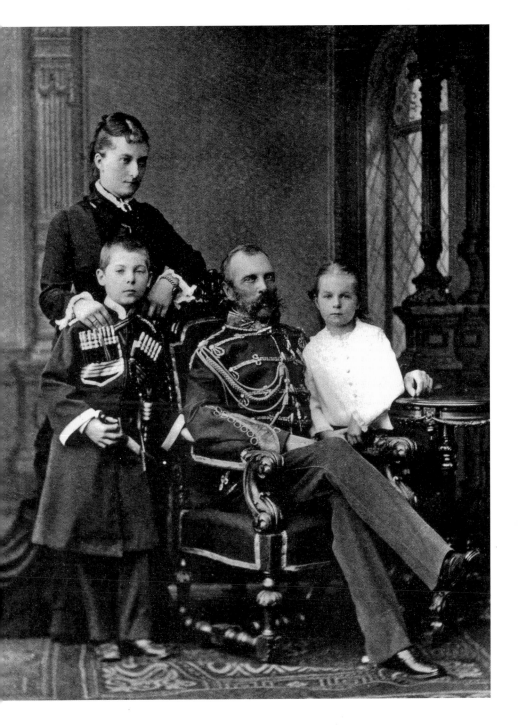

El zar Alejandro II con su esposa Katia Dolgoruki y sus hijos Jorge y Olga.

Katharina Schraat, óleo sobre lienzo por Heinrich von Angeli (1840-1925). Colección particular. (*Abajo*) Litografía de comienzos del siglo XX. Viena, Colección particular.

Katharina Schratt en fotografías fechadas en torno a 1870

(*Página siguiente*) Fotografías de Katharina Schratt tomadas a comienzos del siglo XX (*arriba y abajo a la izquierda*).

Retrato idealizado de Katharina Schratt en traje de escena (*abajo, derecha*).

PHOT: VICTOR ANGERER
Wien.

Katherina Schratt.

300

Katharina Schratt en 1903 caracterizada como la emperatriz María Teresa
de Austria. Fotografía de 1880. Viena, Colección particular.

Madame Lupescu hacia 1950.

Fotografía oficial del rey Carol de Rumanía.

(*Derecha*) Madame Lupescu en las calles de Nueva Orleans hacia 1946.

Carol de Rumanía
y Elena-Magda Lupescu a
fines de los años 30
del siglo XX.

Madame Lupescu en el jar-
dín de su casa
parisiense.

Carol, príncipe heredero de
Rumanía (1924).

Boda de Madame Lupescu y Carol de Rumania.

La prensa de la época hacía bromas sobre la situación familiar de Carol de Rumania.

Fotografía de estudio de Madame Lupescu (1948).
Carol de Rumania y Madame Lupescu en los inicios de su relación.

El príncipe Carlos y Camila Parker, antes del matrimonio del primero con Diana Spencer.

Camila y Diana juntas cuando Lady Di solo era la prometida del Príncipe de Gales.

s Príncipes de Gales en el balcón del palacio de Buckingham tras contraer matrimonio
el 29 de julio de 1981.

Carlos y Diana de Gales junto con sus hijos Guillermo y Enrique (1984).

Camila acompañada por su padre el día de su matrimonio con el mayor Andrew Henry Parker Bowles (1973).

Diana de Gales tras su divorcio (1995).

El príncipe de Gales con el traje tradicional escocés (2004).

Fotografía oficial de Carlos, príncipe de Gales y Camila, duquesa de Cornualles, tras su matrimonio el día 9 de abril de 2005.

Camila, duquesa de Cornualles (2012).

DOMITILA DE CASTRO
CANTO Y MELO

La marquesa de Santos en su madurez.

XIV

La marquesa de Santos: «Titila, a bela»

E l 8 de diciembre de 1826 la que fuera segunda esposa de Napoleón Bonaparte, María Luisa de Austria, recibía una carta en la que se leía: «Hace casi cuatro años, mi querida hermana, por culpa de un monstruo seductor me encuentro reducida a la mayor esclavitud y totalmente olvidada por mi amado Pedro». Quien así escribía era la emperatriz Leopoldina del Brasil por entonces gravemente enferma tras sufrir un aborto. Tanto, que murió pocos días después. El «amado Pedro» al que se refería en su última carta no era otro que su esposo Pedro I de Braganza, primer emperador del Brasil, y el «monstruo seductor» su amante Domitila de Castro y Melo, marquesa de Santos a quien el monarca había rebautizado como «Titila a bela» (la bella Titila). Tres vértices de un trágico triángulo que hizo temblar los cimientos del recién proclamado Imperio del Brasil.

Pedro de Braganza había nacido en Lisboa, concretamente en el palacio de Queluz, el 12 de octubre de 1798. Era el segundogénito de los reyes Juan VI de Braganza y Carlota Joaquina de Borbón, pero la muerte de su hermano mayor lo situó en el primer lugar de la línea sucesoria. En 1808, la invasión napoleónica llevó a la familia real portuguesa a refugiarse en Brasil donde permanecieron hasta 1821. La situación cambió radicalmente cuando, una vez en Lisboa, Juan VI redujo de nuevo a la condición de colonias a los territorios de Ultramar. Fue entonces cuando el príncipe Pedro, que permanecía en Río de Janeiro como regente, secundó las iniciativas de políticos como José

Bonifacio, y no dudó en apoyar a los nacionalistas que reclamaban una constitución propia y la independencia de Brasil.

Por entonces, Pedro ya había contraído matrimonio con la princesa María Leopoldina de Habsburgo-Lorena (1797-1826), hija del emperador Francisco I de Austria y de la unión habían nacido los príncipes María da Gloria (1819-1853), Miguel (1820) y Juan Carlos (1821-1822) a los que seguirían años después Januaria María (1822-1901), Paula Mariana (1823-1833), Francisca Carolina (1824-1898) y Pedro (1825-1891). Antes de su matrimonio, el futuro emperador ya había dado muestras de su ardiente temperamento mediante su relación con la bailarina francesa Noémi Thierry con quien tuvo una hija que apenas alentó unos minutos. El cadáver de la pequeña fue embalsamado y la tradición asegura que don Pedro lo conservó junto a él durante más de veinte años con el propósito de no olvidar nunca a la madre de la pequeña, la mujer que le había despertado al amor y al sexo.

Nada indicaba, pues, que Pedro de Braganza iba ser un marido fiel. Pero lo cierto es que durante los primeros años de matrimonio la complicidad entre los cónyuges fue muy fuerte. Una unión que se vio reflejada en el terreno político pero que fue inexistente en el amoroso desde que apareció en escena una bellísima mujer llamada Domitila de Castro Canto e Melo.

Fue en 1822. Para entonces, el príncipe-regente se había desplazado a la zona de Sao Paulo a fin de sofocar un levantamiento nacionalista y había dejado el gobierno del territorio en manos de su esposa. Fue ella quien le hizo saber que, desde Lisboa, el monarca portugués le retiraba su confianza, le destituía como regente y le exigía el regreso inmediato a Portugal. Leopoldina, a quien no en vano se llamó «paladina de la Independencia», añadía en su comunicado «La fruta está madura, se cosecha ahora o se pudre». La respuesta del príncipe Pedro no se hizo esperar y, el 7 de septiembre de 1822, espada en mano y ante sus tropas, exclamó: «¡Independencia o muerte!». Una acción que pasó a la historia como el Grito de Ipiranga y que significó el inicio de la lucha armada del Brasil para constituirse en nación independiente. Un mes después, Pedro I de Braganza fue proclamado Emperador y el 1 de diciembre tuvo lugar la coronación formal en Río de Janeiro.

Para entonces Domitila ya estaba a su lado. Se habían conocido en agosto de 1822 pocos días antes del «grito de Ipiranga». Morena, sensual, de ojos oscuros y bien proporcionada, Domitila tenía 25 años y era hija un militar de alta graduación y limpio expediente. Había nacido en Sao Paulo el 27 de diciembre de 1797 y, en 1813, contando solo quince años, había contraído matrimonio con un oficial segundo del cuerpo de Dragones de Vila Rica llamado Felicio Pinto Coelho de Mendonça (1789-1833). De la unión habían nacido tres hijos, Francisca, Felicio y João, si bien este último, falleció a poco de nacer a causa de un parto prematuro provocado por una de las innumerables palizas que Domitila recibía de su esposo, un hombre aficionado a la bebida y extremadamente violento.

Pese a sus continuas demandas para conseguir la separación legal de su esposo, Domitila no la consiguió hasta 1825 cuando ya era «vox populi» que era la amante del emperador. No obstante, la consiguió mucho antes «de facto» ya que en 1823 Pedro I la instaló en una lujosa mansión en la Rua Barão de Uba de Río de Janeiro donde nacieron los dos primeros hijos habidos con su amante: Isabel María de Alcántara Brasileira (1824-1898), duquesa de Goiás, y Pedro de Alcántara Brasileiro (1825–1826). Domitila ya era pues, la favorita del emperador, lo que no equivalía a decir que fuera la única de sus amantes ya que, el 4 de noviembre de 1823, nació Rodrigo Delfim Pereira, otro de lo bastardos del soberano habido nada menos que con una hermana de Domitila, María Benedicta de Castro Canto y Melo (1792-1857), casada con el barón de Soroaba. Por lo visto Pedro I quiso emular las hazañas amatorias de Enrique VIII de Inglaterra con las hermanas Bolena, y mantuvo paralelamente relaciones con Domitila y María Benedicta.

Pese a ello y a las muchas aventuras extraconyugales que se le conocieron, nadie puede dudar que «Titila, a Bela» fue la gran pasión en la vida de Pedro I del Brasil. Un ardiente epistolario de gran contenido erótico así lo demuestra. Como ejemplo baste recordar una de las frases que dan comienzo a la carta que Pedro I escribió a su amante tras sufrir una contusión en el escroto tras una caída de caballo: «Mi querida amiga del corazón: No quiero que te preocupes por mi estado de salud. 'Tu cosa' (sic) está sin novedad y la inflamación ha disminuido por lo que la orina ya sale clara». A buen entendedor, pocas palabras bastan.

La ambición de Domitila, no obstante, iba más allá de compartir placeres amorosos con su amante. Una ambición que se vio siempre correspondida ya que Pedro I no supo negarle nada. Así, el 4 de abril de 1824, fue nombrada dama de la emperatriz para escarnio de la desdichada Leopoldina quien, enamorada sin remedio del galante Pedro, se limitaba a parir un hijo tras otro y a soportar con la mayor dignidad posible las infidelidades de su esposo. Tan solo un año después, en octubre de 1825, recibió el título de Vizcondesa dos Santos, un honor que aumentó al año siguiente al convertirse en marquesado. Evidentemente, su nueva condición de marquesa debía ir acompañada del oropel necesario y en ese mismo año de 1826, Pedro I le obsequió con un enorme palacete, la «Casa Amarilla», no demasiado lejos de palacio. Allí dio a luz una nueva hija, María Isabel de Alcántara Brasileira (1827), que apenas vivió unos meses. Las prebendas no se limitaron a su persona. También sus padres recibieron el título de Vizcondes de Castro y su hermano Francisco el nombramiento de ayudante de campo del emperador.

La ostentación pública de los amores con la marquesa de Santos minaron considerablemente el prestigio del emperador muy deteriorado ya desde que su política había olvidado sus propósitos liberales y había dado un giro absoluto hacia el autoritarismo. Se acusaba a la Marquesa de interferir en los asuntos de estado y de controlar absolutamente la voluntad de su amante. El pueblo, además, sentía auténtica devoción por la emperatriz Leopoldina y culparon a *Titila* de su inesperada muerte en 1826, provocada por una septicemia tras abortar al hijo que esperaba. Corrió el rumor de que la causa de la interrupción del embarazo había sido la paliza propinada por el emperador cuando Leopoldina se negó a presidir una ceremonia de corte acompañada por la Marquesa de Santos. Decididos a vengar a la que consideraban factótum de su independencia, horas después de hacerse público el fallecimiento de la emperatriz una turba incontrolable se dirigió a la residencia de Domitila con intención de asaltarla. Solo la intervención del ejército evitó el linchamiento de la favorita.

Tras el fallecimiento de Leopoldina de Habsburgo, se intentó concertar un nuevo matrimonio para el emperador, no tanto por necesidades sucesorias, sino pensando en encontrar importantes aliados en Europa. La situación en Portugal así lo requería. Pedro había renunciado a la corona lusa en 1826, cediéndosela a su hija María da Gloria que solo contaba siete años y nombrando como regente a su tío Miguel de Braganza (1802-1866). Pero la revuelta absolutista que este encabezó y que le llevó a usurpar el trono luso, acabó por obligar a Pedro I a buscar apoyos en Europa en favor de la causa de la joven María da Gloria. Sin embargo, los rumores sobre el sufrimiento causado a Leopoldina por la presencia en la corte de la marquesa de Santos habían cruzado el océano y fueron varias las princesas europeas que se negaron a aceptar el compromiso. Por fin, dos años después de la muerte de Leopoldina se encontró la candidata idónea: Amelia de Beauharnais, duquesa de Leuchtenberg y nieta de Josefina de Beauharnais, primera esposa de Napoleón Bonaparte y emperatriz de Francia. Para celebrar el enlace solo se impuso una condición por parte de la familia de la novia: la ruptura total de relaciones entre el emperador y Domitila.

Por entonces, la pasión de Pedro I por su Titila ya no era tanta. El 23 de agosto de 1829 había nacido Pedro de Alcántara Brasileiro, hijo ilegítimo del emperador y de una modista francesa afincada en Río llamada Clémence Saisset. Posiblemente porque su interés por la marquesa de Santos ya no era el que fue, Pedro I se avino a ello. Así, pese a estar embarazada, ese mismo agosto de 1829, Domitila de Castro y Melo fue definitivamente apartada de la corte. Se la obligó a vender sus propiedades y a establecerse en São Paulo, prohibiéndole que viajara a Río. Así se hizo y el palacio que fue de «Titila, a bela» pasó a denominarse «Palacete de la reina» ya que se le entregó a la infanta María da Gloria, María II de Portugal. En octubre de 1829, Pedro I contrajo matrimonio con María Amelia de Leuchenberg. Pocos meses después, en febrero de 1830, Domitila dio a luz a la última de las hijas del emperador, María Isabel de Alcántara Brasileira II (1830-1896) que con los años se convertiría en condesa consorte de Iguazú.

No obstante, el emperador quiso que su hija predilecta, la duquesa de Goias, no siguiera a su madre y continuara a su lado. Así, Isabel María permaneció junto al emperador y le acompañó a Europa después de su abdicación al trono brasileño en 1931 en favor de su hijo Pedro II. Instalado en París desde donde orquestó la operación contra la ofensiva miguelista en Portugal, matriculó a Isabel María en el colegio Sacre Coeur de París. A su muerte, ocurrida en Lisboa en 1834, fue su viuda, Amelia de Beauharnais, quien procuró por la joven insistiendo en que estudiara en Alemania, y concertando su matrimonio con Ernst Fischler von Treuberg (1816-1867), barón de Holzen y conde de Treuberg, un noble alemán residente en Murnau. Curiosamente la primera hija de la pareja recibió el nombre de Amelia en honor a la emperatriz viuda. Otro tanto se intentó con María Isabel II pero Domitila se negó a que se formase en Europa y la matriculó en una escuela para damas nobles, el Colegio Higgins, de Botafogo. En 1848, María Isabel contrajo matrimonio con el conde de Iguazú, hijo del marqués de Barbacena, precisamente el hombre que más había insistido a Pedro I en que acabara su relación con Domitila.

Retirada a São Paulo, pese a llevar una vida recogida que nada tenía que ver con su conducta durante los años pasados en la corte, Domitila conoció en 1833 a un militar llamado Rafael Tobias de Aguiar (1794-1857) con el que contrajo matrimonio en 1842 y con el que tuvo seis hijos: Rafael, João, Antonio Francisco, Brasilico, Gertrudis y Héctor. Olvidado el tiempo en que fue tan amada por su emperador como odiada por su pueblo, Domitila se convirtió en el alma de la sociedad paulina. Abrió su salón a las tertulias políticas y organizó innumerables eventos sociales que alternaba con la caridad y la financiación de diversas obras piadosas. Una de las más significativas fue la construcción de la monumental capilla del cementerio de la Consolación, el mismo donde fue sepultada tras fallecer de enterocolitis el 3 de noviembre de 1867.

LOLA MONTES

Lola Montes según una litografía del s. XIX.

XV

Lola Montes, la perdición del rey de Baviera

(1821-1861)

Si alguien pudiera ostentar el mérito de ser el arquetipo de la corte-sana, esa sería sin duda Lola Montes. El cine le puso las facciones de Conchita Montenegro[63] (1911-2007), la primera actriz española que triunfó en Hollywodd, o de la francesa Martine Carol[64] (1920-1967) pero ni la magia del Séptimo Arte pudo igualar el magnetismo personal ni la vida aventurera de María Dolores Eliza Rosanna Gilbert, una irlandesa que, haciendo honor a la tradición de sus compatriotas, acabó sus días en los Estados Unidos después de haber crecido en la India, bailado en los escenarios europeos y hacerse con el dudoso tro-feo de ser la perdición de uno de los últimos monarcas de Baviera, Luis I.

El lugar de su nacimiento no se sabe con exactitud. Para unos autores fue en Limerick (Irlanda), para otros Grange, en el irlandés con-dado de Sligo. En lo que hay unanimidad es que el acontecimiento se produjo el 17 de febrero de 1821 y tuvo tintes escandalosos ya que era el fruto de la relación de un militar, Edward Gilbert, y una jovencita de solo 15 años de presunta ascendencia española, llamada Elisa Oliver.

Solo contaba dos años cuando su padre fue destinado a la India, concretamente a Dinapore, en el pantanoso delta del Ganges.

---

[63] *Lola Montes* (Antonio Román, 1944)
[64] *Lola Montes* (Max Ophuls, 1955).

Evidentemente las condiciones ambientales de la región eran extraordinariamente favorables para que se sucedieran los brotes de cólera y
uno de ellos, a poco de llegar, alcanzó al padre de la futura bailarina
que no sobrevivió. No obstante, la madre no vistió tocas de viuda demasiado tiempo. El nuevo esposo se llamaba John Craigie y había sido
compañero de armas del difunto en Waterloo. Un matrimonio que
podía haber sido feliz de no ser por la rebeldía y el descaro de la pequeña Betty, como la llamaban entonces, que hizo la vida imposible a
su padrastro.

La futura «Lola Montes» escapaba de casa, se negaba a cumplir
las normas de urbanidad —tan importantes en la época—, trepaba a
los árboles y se encontraba más a gusto entre los sirvientes que entre
otros niños de su edad de la elitista sociedad británica de la India. Desesperado, convencido de no poder hacer carrera de ella, Craigie decidió enviarla a la metrópoli bajo la custodia de su familia. Pero ni en
la circunspecta sociedad de Montrose en plena campiña británica, la
conducta de Betty cambió. La «díscola niña india», como se la llamaba,
arrancó la peluca de un respetable caballero de la comunidad durante
un oficio religioso, ignoraba las normas sociales y se paseaba por la
calle medio desnuda. Se decidió entonces internarla en la escuela que
dirigía en Sunderland una hermana de su padrastro. Fue allí donde se
generó un profundo cambio en una niña que posiblemente solo bus-
caba llamar la atención al verse separada del ambiente en el que había
crecido y rodeada por desconocidos. Y, a sus diez años, Betty comenzó
a ser una niña aplicada al tiempo que comenzaba a despuntar su belleza: unos inmensos ojos, una elegancia innata y una considerable capacidad de seducción con la que se hacía perdonar su obstinación, su
altivez y su determinación a la hora de tomar decisiones.

Contaba quince años cuando su madre viajó a Inglaterra para
llevarla de nuevo con ella a las colonias. Habían previsto casarla con
sir Abraham Linley, un juez del tribunal supremo de la India, un hombre respetable y adinerado pero que la llevaba más de cincuenta años.

Evidentemente, al enterarse de los planes paternos, Betty se negó. De poco le hubiera valido su negativa de no ser por el teniente Tom James, el apuesto asistente de su padrastro que viajaba con Mrs. Craigie y que, según parece, era su amante. La boda de Betty con el juez Linley no llegó a celebrarse porque ocurrió lo inevitable: James dejó a la madre por la hija.

En 1837, Betty y Tom huyeron juntos y contrajeron matrimonio antes de instalarse en la mansión familiar del esposo en Castlerough y partir poco después hacia la India a fin de que James se reincorporara al ejército, por supuesto en un nuevo destino. Allí, Betty vivió un corto periodo de armonía en su vida y se reencontró con sus orígenes. Pero la felicidad es efímera y Tom James, además, no era un ejemplo de fidelidad, con lo cual al poco tiempo de instalarse en tierras de la India, escapó de casa con una nueva amante y todo el capital de que la pareja disponía. Betty se encontró, pues, sola y sin recursos.

Dado que la relación con su madre y su padrastro estaba muy deteriorada, decidió divorciarse y volver a Inglaterra. Pero se cruzó en su camino otro hombre, Charles Lennox, un elegante buscavidas que supo descubrirle el único capital que poseía: su belleza. Llegados a Londres, Lennox presentó a Betty a Fanny Kelly (1790-1882) una cotizada actriz y cantante que había cosechado grandes éxitos en el Drury Lane Theatre. Fue ella quien le recomendó que aprendiera algo de danza y, aún más, quien le ayudó a dibujar el «personaje» en el que se convertiría sobre las tablas e incluso fuera de ellas: Lola Montes.

Algunos autores pretenden que fue el torero Francisco Montes «Paquiro»[65] quien le enseñó algo de baile español y le proporcionó su apellido artístico. Es una afirmación arriesgada. Sin embargo, es posible que Betty pasara por algún puerto andaluz antes de instalarse en Londres y allí conociera al célebre matador. En cualquier caso, lo cierto

---

[65] El torero Francisco Montes «Paquiro» (1805-1851) fue una celebridad en su época. A él se debe el libro *Tauromaquia completa, o sea El arte de torear en plaza, tanto a pie como a caballo*. Diseñó la montera, denominada así haciendo honor a su apellido.

es que el 8 de junio de 1843, debutó en los escenarios londinenses durante el intermedio de una representación de la ópera de Rossini *El Barbero de Sevilla* anunciándose como «doña Lola Montes, del Teatro Real de Sevilla». El suyo no fue un éxito rotundo pero le sirvió para iniciar una gira por Europa, donde se dio a conocer con un baile que llamó la Tarántula, que ejecutaba a base de singulares contorsiones, tocando las castañuelas y tocada con una peineta de nácar a la que se sujetaban un par de claveles. Y, poco a poco, pese a sus escasos méritos como bailarina, el nombre de Lola Montes comenzó a sonar hasta convertirse en una auténtica diva de la escena.

De hecho, su historia no es única. Lo cierto es que, de alguna manera, fue la pionera de una forma de ser y de vivir que continuarían más tarde Loïe Fuller (1862-1928), Isadora Duncan (1877-1927), la mítica Mata-Hari (1876-1917) o la española Tórtola Valencia (1888-1953). Mujeres bellas, con mayor o menor sentido artístico que construyeron su propio personaje y que en algunos casos como Isadora o Tórtola Valencia renovaron por completo las artes escénicas en la Europa *fin de siècle*. Pero Lola Montes nació demasiado pronto y ello unido a la escasez de dotes artísticas la llevaron a convertirse en una *demi-mondaine* — como se llamaba entonces a lo que hoy se calificaría de *escort*— al modo de Cora Pearl (1835-1886), Laure Hayman (1851-1932), Liane de Pougy (1869-1950) o Carolina Otero (1869-1950).

Poco a poco fue consiguiendo amantes cada vez más importantes y adinerados. El más famoso fue, sin duda, Franz Listz quien decía de ella que era «bella como una tigresa» y quien la introdujo en los círculos artísticos y culturales de la época donde, según algunos autores, fue también amante de Alejandro Dumas (padre). La relación con Listz acabó de forma abrupta y, aprovechando los contactos que este le había facilitado, se instaló en París con la esperanza de sustituir a Fanny Elssler (1810-1844), una de las grandes bailarinas clásicas de la época, quien había introducido en los grandes espectáculos de ballet notas folclóricas. Ni que decir tiene que no lo consiguió. París todavía se rendía al encanto de Marie Taglioni (1804-1884) y su danza *en pointes*. Admiraba a la Elssler pero no admitía imitadoras como la Montes. Ni siquiera la campaña de prensa de su nuevo amante, Alexander Dujarrier, consiguió frenar el pateo y los silbidos durante su debut. Enfurecida, hizo caso omiso de las protestas del público, se desabrochó el corpiño y siguió danzando muy ligera de ropa en lo que algunos consideraron un *strip-tease avant la lettre*. Ni que decir tiene que desde ese momento los escenarios de París quedaron vetados para ella.

Decidió entonces trasladarse a Munich. No obstante, su fama había trascendido fronteras y la ópera de la capital bávara le negó cualquier posibilidad de actuar en su escenario. Ofendida —o tal vez intuyendo que era una oportunidad de oro— no paró mientes. Se fue directamente a ver al hombre que iba a convertirse en la clave de su futuro: Luis I de Baviera.

En 1846, Baviera era uno de los muchos reinos en que se dividía la actual Alemania. Desde 1825, ocupaba el trono Luis I (1786-1868), un hombre fundamentalmente bueno, amante de las artes y las letras, y felizmente casado con Teresa de Sajonia-Altenburgo (1792-1854) con la que tenía diez hijos. Al comienzo de su reinado había adoptado una política constitucional que abandonó paulatinamente al compás del espíritu contrarrevolucionario que se extendió por Europa tras la caída de Napoleón Bonaparte.

Cuando Lola Montes irrumpió en su vida era un sesentón sin más afición secreta que su «Galería de la Belleza». Un recóndito rincón de su palacio muniqués donde guardaba más de veinte retratos de mujeres, anónimas o no, todas bellísimas, donde se refugiaba cuando deseaba descansar de la ardua tarea de un gobierno en el que un liberalismo creciente contestaba de continuo sus formas de rey absoluto. Su vida era, pues, serena y reposada hasta el día en que al abrirse la puerta de su despacho para recibir a una desconocida bailarina que le había pedido audiencia, le pareció que una de las damas de su «Galería de la belleza» cobraba vida. Aquel día, Lola Montes lucía sus mejores galas y se hallaba en el esplendor de su atractivo. Había cuidado especialmente su vestido y se mostró con aires recatados y humildes sin dejar por ello de lanzar de vez en cuando alguna que otra mirada insinuante.

La leyenda asegura que el rey escuchó absorto las alegaciones de la bailarina despechada que se lamentaba lastimera de la atención recibida por parte de la dirección de la Ópera de Munich. Se dice que solo la interrumpió para preguntarle si su cuerpo era obra de la Naturaleza o del Arte. Como respuesta, Lola Montes se desabrochó el vestido y le mostró sus senos desnudos. Sea verdad o pura invención, lo cierto es que Lola salió del despacho como primera bailarina de la Ópera de Munich.

Desde ese día, Luis I solo vivió por y para ella. El 13 de octubre de 1846 llenó la platea de la Ópera de policías de paisano para que controlaran las posibles muestras de desagrado del público ante el debut de la bailarina. Un esfuerzo que resultó inútil ya que abundaron los silbidos ante su interpretación de la cachucha de la ópera bufa *Le Diable boiteux* de Casimir Gide (1804-1868) que Fanny Elssler había hecho célebre en París.

Sus detractores no pudieron seguir abucheándola ya que la carrera artística de Lola en Munich fue extraordinariamente breve. Tras su fallido debut, el rey la retiró de los escenarios y la instaló en una espléndida mansión en la Borschtallee, una de las más elegantes avenidas muniquesas. Segura de su posición, comenzó a multiplicar sus extravagancias y se comportó en público y en privado como una auténtica reina sin corona, sin que el rey hiciera nada por evitarlo. De nada valieron las lágrimas de la auténtica soberana, Teresa de Sajonia; ni el malestar popular ni las advertencias del arzobispo de Munich, Luis I parecía embrujado por el hechizo de la «Mesalina española» como se la conocía popularmente.

La conducta real daba alas a los liberales que no se recataban de mostrar su descontento. Tanto así que el canciller austríaco Metternich, temeroso de que la revolución constitucionalista cruzara la frontera y contaminará al Imperio, no dudó en enviar un emisario para que se entrevistara con Lola Montes y, a cambio de dinero, la convenciera de que abandonara al rey. La única respuesta que consiguió fue que la favorita rompiera el cheque en pedazos y lo echara de su casa a cajas destempladas. Todavía faltaba lo peor. Las revueltas populares y la indignación entre los políticos aumentaron cuando, en 1847, se hizo público que el rey concedía a su amante el título de Condesa de Landsfeld que implicaba los privilegios propios del Antiguo Régimen: inmunidad frente a los tribunales, posesión de tierras y propiedades, derecho a impartir justicia...

Como respuesta, el gobierno dimitió en pleno pero tampoco consiguió con ello que Luis I modificara su conducta. Ni él ni su amante rectificaron en absoluto, ya que cuando una manifestación de estudiantes se presentó a las puertas de la mansión de la Borschtallee, Lola salió al balcón vestida solo con una vaporosa *negligée* y, con una copa de champán en la mano, brindó por quienes la abucheaban. El gesto no hizo sino agravar las revueltas populares. De ahí que, ante el desarrollo de los acontecimientos y la amenaza de que las manifestaciones cada vez más frecuentes y más numerosas, acabaran en un baño de sangre, en la primavera de 1847, Luis I hubo de firmar la orden que expulsaba a Lola del país.

Apenas había salido la favorita de su mansión, cuando la muchedumbre la invadió y destrozó todo vestigio de aquella a la que consideraban una bruja que había endemoniado a su rey. Entretanto Luis I, desolado, escribió en su diario: «Me habéis expulsado de mi paraíso, habéis vertido hiel sobre mis días...»

La drástica medida, no obstante, no le permitió conservar el trono. La presión liberal era cada vez mayor y en 1848, Luis I hubo de abdicar en su hijo Maximiliano que paulatinamente viró hacia una monarquía constitucional. Aquella falsa española de ojos profundos había sido su perdición pero, con ella o sin ella, la marcha de la historia no podía detenerse.

Convencida de que su amante partiría en su busca, Lola se instaló durante un breve tiempo en Suiza y luego en Francia pero, finalmente, se instaló en Londres a fines de 1848. Allí intentó estrenar una obra de teatro inspirada en su aventura bávara y que tituló *Lola Montes, condesa por un día*. Sin embargo, las gestiones de la embajada bávara ante el gobierno británico hizo inviable su propósito.

No fue ese su único escándalo. Decidida a rehacer su vida contrajo matrimonio con un joven oficial de caballería llamado George Trafford Heald. Sin embargo las cláusulas de su divorcio de Tom James no le permitían casarse si este no había fallecido antes. El resultado fue una acusación de bigamia y la huida precipitada de los cónyuges/amantes a Francia y a España donde residieron un par de años sin que su amor durara más tiempo que el de una aventura pasajera.

Sola de nuevo, Lola viajó a los Estados Unidos ya que, según sus propias palabras, era «el último refugio de la libertad en la tierra, bendecido por las víctimas de la tiranía del Viejo Mundo». Pareció comenzar esta nueva etapa de su vida con buen pie. El 27 de diciembre de 1851 debutó en Broadway con una obra titulada *Betty la tirolesa* donde su personaje liberaba Baviera del yugo de los jesuitas. El despropósito fue un nuevo fracaso de crítica y... público y, para sobrevivir, decidió exhibirse en las ferias donde por un módico precio se podía charlar con la «señora condesa de Landsfeld». En su peregrinar, contagiada por la fiebre del oro, llegó a Grass Valley, un pueblo minero de California, en compañía de su nuevo compañero, un periodista local llamado Patrick Hull. Allí abrió un *saloon*, decorado con gran lujo, donde cada noche se daban cita los hombres influyentes de la zona. No obstante, tampoco fue ese su último destino.

Hacia 1859 se instaló en Nueva York. Acababa de publicar un manual *El arte de la belleza o el secreto del cuidado personal* cuando su vida dio un cambio radical al entrar en contacto con la iglesia metodista. Militante del Ejército de Salvación predicaba en las calles y visitaba hospitales y asilos. En diciembre de 1860, una neumonía la llevó hasta el hospital Asteria de Nueva York donde murió el 17 de enero de 1861. Enterrada en la más absoluta soledad, una lápida en el cementerio neoyorquino de Greenwood reza simplemente *Eliza Gilbert. Fallecida el 17 de enero de 1861.*

Nadie recordaba ya a Lola Montes. Solo la lloró un anciano rey, por entonces exiliado en Niza, que, siete años después, murió con la esperanza de reencontrarse con la mujer que había sido su perdición pero también su pasión tardía.

ELENA SANZ

Elena Sanz según un grabado perteneciente a *La ilustración española y americana,* c. 1880.

XVI

Elena Sanz, la pasión secreta de Alfonso XII

(1844-1898)

E milio Castelar decía de Elena Sanz que «quien la haya visto una vez en su vida no podrá olvidarla jamás». Eso precisamente le debió pasar a un jovencísimo Alfonso de Borbón (1857-1885), futuro rey de España como el doce de su nombre, cuando en 1872 recibió la visita de la diva durante su estancia en el prestigioso colegio Theresianum[69] de Viena. Elena estaba entonces de gira por Europa e Isabel II, melómana ilustre y como tal muy amante de la ópera, le pidió que acudiera a verlo. Según se dice, la visita de la hermosa soprano causó sensación entre los adolescentes allí internados que, más que los bombones que regaló al príncipe español, se disputaron una caricia o una mirada de la sensual cantante.

Alfonso y Elena no volvieron a verse hasta muchos años después. Justo cuando la diva ya era madre de un hijo de padre desconocido y Alfonso lloraba a su primera esposa, la joven reina María de las Mercedes[70], que acababa de morir cuando solo se cumplían seis meses

---

[69] El Theresianum era una institución docente fundada por la Emperatriz María Teresa de Austria y una de las más prestigiosas de Europa.
[70] María de las Mercedes de Orleans (1860-1878) era prima hermana de Alfonso XII como hija de Luisa Fernanda, hermana de Isabel II. Su padre el duque de Montpensier había contribuido al derrocamiento de la monarquía de Isabel II y se había postulado como posible monarca. De ahí la oposición familiar y política al romance. No obstante, el amor venció y contrajeron matrimonio en enero de 1878. La joven reina falleció el 24 de junio del mismo año cuando acababa de cumplir los dieciocho años.

de su boda. El rey estaba hundido y su entorno terriblemente preocupado al ver como aquel muchacho de poco más de veinte años había perdido las ganas de vivir.

Había, además, otro problema. La monarquía restaurada[71] en diciembre de 1874 aún no estaba convenientemente asentada y Cánovas del Castillo[72], su artífice, temía que la actitud abúlica del rey ante las responsabilidades propias de su cargo desmontaran su entramado político. De ahí que Pepe Alcañices[73], duque de Sesto, decidido —como político y como amigo— a devolver al monarca la energía necesaria para retomar su vida, propiciara un encuentro con la única mujer que, si bien no podía sustituir a la reina muerta, si podía distraer al monarca de su dolor: Elena Sanz.

Era el 4 de octubre de 1878. En el Teatro Real de Madrid se representaba, precisamente, la ópera *La favorita*[74] de Gaetano Donizzetti con un reparto de lujo encabezado por Julián Gayarre[75] y Elena Sanz. La diva, por entonces, contaba treinta y cuatro años, es decir trece más que el rey. Había nacido en Castellón en 1844 y su nombre completo era Elena Sanz Martínez de Arizala. Su familia, perteneciente a la clase media, tenía una ligera pátina aristocrática ya que su padre era primo del marqués de Cabra pero, tan difusos como sus blasones,

---

[71] Tras la revolución de septiembre de 1868 que acabó con el reinado de Isabel II, se sucedió un directorio militar encabezado por el general Serrano, se intentó entronizar una nueva dinastía en la persona de Amadeo de Saboya y se proclamó la I República. Finalmente, en 1874, se produjo la restauración borbónica en la persona de Alfonso XII, hijo de Isabel II.

[72] Antonio Cánovas del Castillo (1828-1897) fue el artífice del sistema político de la Restauración. Máximo dirigente del Partido Conservador, fue uno de los hombres de Estado más importantes del siglo XIX español.

[73] José Isidro de Osorio y Silva-Bazán (1825-1909), más conocido por Pepe Alcañices, a causa de ser marqués de Alcañices entre los dieciséis títulos nobiliarios que poseía, fue un aristócrata, militar y político español que jugó un importante papel durante la Restauración Alfonsina. De fuertes convicciones monárquicas, fue el mejor amigo y consejero más cercano de Alfonso XII.

[74] Una adaptación libre de los amores entre Leonor de Guzmán y Alfonso XI de Castilla.

[75] El tenor navarro Julián Gayarre (1844-1890) fue una de las mejores voces solistas de su época. En Francia se le conocía como «le roi du chant».

eran sus medios económicos. De ahí que siendo muy niña ingresara en el Colegio de Niñas Huérfanas de Leganés una institución amparada por el duque de Sesto donde se educaba a jóvenes de economía precaria pero pertenecientes a familias de una cierta prosapia. Para su admisión existía una curiosa cláusula: habían de ser pobres y bellas, puesto que se consideraba que la hermosura unida a la miseria era condición *sine qua non* para que las jovencitas perdieran su virtud.

Poco se sabe de los progresos de Elena en el ámbito académico, pero si que rápidamente destacó en el coro del colegio gracias a sus magníficas condiciones vocales. Enterado de ello el duque de Sesto, lo puso en conocimiento de Isabel II quien, apasionada como era del *bel canto*, se convirtió en su protectora. La soberana sufragó sus estudios musicales y cuando estos concluyeron, Elena se incorporó a la compañía de Adelina Patti[75] donde triunfó rotundamente en los escenarios europeos y americanos, hasta recalar en el Teatro Real de Madrid. «Elegantísima, guapetona, de grandes ojos negros fulgurantes, espléndida de hechuras, bien plantada», como la definía Benito Pérez Galdós, y dueña de una magnífica voz no tardó en erigirse en la estrella indiscutible del coliseo madrileño. Una carrera fulgurante que, de alguna manera, se vería interrumpida a partir de aquella noche del otoño de 1878 cuando un joven monarca, con el alma entristecida y los sentidos a flor de piel, quedaría prendido de su atractivo.

Acabada la función, la Sanz subió al palco a cumplimentar al monarca y este, como mandaba el protocolo, la obsequió con una joya. Desde ese momento, no hubo noche en que cantara Elena, en que el palco real permaneciera vacío. Comenzó así una relación apasionada que vivió su época de mayor efervescencia entre la primavera de 1879 y el invierno de 1882 cuando Elena se instaló definitivamente en París tras el nacimiento de su segundo hijo. Madrid entero sabía de la rela-

---

[76] Adelina Patti (1843-1919) fue considerada la cantante más brillante de su tiempo.
[77] Recientemente, la relación se hizo del dominio de las nuevas generaciones gracias a una entrevista que la periodista Consuelo Font publicó en el diario *El Mundo* con la nieta de Elena Sanz, María Luisa Sanz de Limantour.

ción del rey con la Sanz[77]. Pero, si alguna duda quedara, existe una amplia correspondencia que la certifica. En abril de 1879, Elena recibió una foto del rey con uniforme de capitán general y la siguiente dedicatoria[78]: «Cuando mandaba la escuadra blindada, querida Elena, todas las brújulas marinas sentían distinta desviación según la proximidad de los metales que cubrían mi férrea casa; si allí hubieses estado tú, tus ojos las hubieran vuelto todas hacia ellos, como han inclinado el corazón de tu: Alfonso.» El romanticismo de los primeros tiempos, no tardó en verse sustituido por la pasión. En una imagen del monarca en traje de cazador y tomada pocos meses después, este escribe:[79] «*Adieu*, hasta el próximo día que cacemos en furtivo. Tu: Alfonso».

El afianzamiento de la relación llevó a la cantante a abandonar los escenarios. Elena sabía que no podía aspirar a contraer matrimonio con el rey viudo, pero se conformaba con la idea de ocupar un lugar de privilegio en su vida. Con la ayuda del soberano, pese a que por entonces la diva podía considerarse una mujer con una economía saneada, se instaló en un barrio residencial de Madrid donde periódicamente recibía la visita de un monarca que poco o nada tenía que ver con el viudo desconsolado que había sido apenas unos meses antes.

Pero, entre las obligaciones del nuevamente enamorado Alfonso XII, la primera era la de asegurar la dinastía. Había, pues, que concertar un segundo matrimonio. Alfonso XII no se resistió. Sabía que era su deber. Pero su falta de interés le llevó a dejar el asunto en manos de Cánovas. Este se decidió por una joven archiduquesa austriaca, hermana del archiduque Federico de Habsburgo, antiguo condiscípulo del rey en el Theresianum, y sobrina del emperador Francisco José I de Austria. Su nombre era María Cristina de Habsburgo Lorena. Había nacido en Bohemia, concretamente en el castillo de Gross-Seelowitz[80], el 21 de julio de 1858. Una mujer quizás poco

[78] Barrios, Manuel: *El gran amor prohibido de Alfonso XII*. Madrid, Temas de Hoy,1998 pág.113.
[79] Barrios, Manuel *op. cit.* pág. 153.
[80] En la actualidad Židlochovice en la república checa.

llamativa pero extremadamente discreta, culta y prudente que hablaba correctamente, además de su alemán nativo, italiano, francés, inglés y otras lenguas del Imperio austro-húngaro, que había estudiado materias como filosofía y economía y cuya gran pasión era la música. Tenía, pues, todos los ingredientes para ser una buena reina y, más adelante, la vida le dio sobrada ocasión de demostrarlo. La boda se celebró en noviembre de 1879 con un mucho de resignación por parte del monarca[81] y grandes ilusiones por parte de la novia que había cometido el tremendo error de enamorarse perdidamente del rey.

María Cristina desconocía entonces que no demasiado lejos de palacio, una famosa cantante de ópera se disponía a marchar a París donde habría de dar a luz a un hijo fruto de su relación con el rey. Así fue. Dos meses después, en enero de 1880, cuando la reina ya había anunciado su primer embarazo, Elena dio a luz a un hijo natural de Alfonso XII al que, para evitar dudas, puso el nombre de su padre y que, discretamente, fue acogido y protegido por Isabel II.

Pero, aunque se buscó discreción, de poco sirvió que viniera al mundo al otro lado de la frontera. El diario *La Publicidad* informó. «Hace unos días, la señorita X dio a luz en París un niño. Se asegura que el acta de nacimiento, hecha en presencia de un embajador, se ha redactado de forma que el recién nacido sería llamado a recoger la sucesión al trono». Ciertamente, nunca se probó la existencia de tal cláusula, pero la argucia sirvió al periodista para señalar más directamente quien era el padre de la criatura.

Cuando la diva regresó a Madrid, Alfonso XIII pese a su condición de hombre casado, continuó con la relación. Con anterioridad había remitido al rey una fotografía en la que aparecía con el recién nacido. La respuesta de Alfonso XII no se hizo esperar: «Elena mía:

---

[81] Del poco entusiasmo del monarca, habla la anécdota que asegura que, tras conocer a su futura esposa en Arcachon (Francia), comentó a Alcañices: «¡Qué lástima que gustándome más la madre, tenga que casarme con la hija!». María Cristina había acudido a la cita junto con su madre, Isabel de Austria, una mujer de extraordinaria belleza.

Qué monería de retrato y cómo te lo agradezco. El chico hace bien en agarrarse a lo mejor que tiene y por eso le va a gustar tocar la campanilla. Tú estás que te hubiera comido a besos y me pusiste Dios sabe cómo. Daría cualquier cosa por verte, mas no es posible. Recibe un abrazo, Alfonso».

María Cristina intentó hacer oídos sordos a unos amores tan públicos como reprobados por el estamento político que veía en la Sanz un motivo de desestabilización de la monarquía. Era consciente de que a la figura exuberante y el carácter ardiente de la cantante, ella no podía oponer más armas que su cultura, su equilibrio y una cierta armonía doméstica. Ciertamente el rey admiraba sus muchas y buenas cualidades pero lo que sentía por ella distaba mucho de poder llamarse amor y, mucho menos, atracción sexual. Y, algo similar sucedía con el pueblo que, como el monarca, la admiraba pero aún no se había rendido a su persona. Era de todos conocido que la reina llevaba a cabo una excelente tarea social, supervisaba personalmente diversas instituciones de caridad, era culta y religiosa y su empaque causaba admiración. Se sabía también de la resignación con que soportaba las infidelidades conyugales, pero no conseguía levantar las simpatías de su antecesora, María de las Mercedes, entre un pueblo que acabaría por bautizarla como «Doña Virtudes».

Al año de la boda, exactamente en septiembre de 1880, nació una princesa que garantizó la continuidad dinástica pero generó una cierta frustración por el hecho de no ser el esperado varón. La inteligencia de María Cristina supo cómo compensar al rey y a su pueblo: bautizó a la recién nacida como María de las Mercedes. Pero poco duró la felicidad de la reina. Meses después, en febrero de 1881, Elena Sanz dio a luz a su segundo hijo, otro varón, que fue bautizado como Fernando. Nació en Madrid. Ni siquiera se tuvo la prudencia de, como en el caso de su hermano, alejar a la madre de la corte. Es más, el rey se hizo cargo del mantenimiento de Elena y de sus hijos a los que siguió viendo con frecuencia, mientras entre la reina y él se abría un abismo cada vez mayor. En 1882 escribió: «Mi idolatrada Elena. Cada minuto te quiero más y deseo verte, aunque esto es imposible en estos días. No tienes idea de los recuerdos que dejaste en mí. Cuenta conmigo para todo. No te he escrito por la falta material de tiempo. Dime si necesitas guita y cuánta. A los nenes un beso de tu: Alfonso».

Hasta el día en que la sensata y prudente María Cristina no pudo más. Se ignora hasta qué punto pudo enfrentarse al rey pero habló seriamente con Cánovas quien forzó la salida de España de la amante real. En 1882, Elena se refugió en París con sus hijos al amparo de la reina Isabel que no se recataba en decir que la diva era «su nuera ante Dios». Pero el calvario de la reina no había terminado. Alejado de la Sanz, otra soprano entró en la vida de Alfonso XII, Adelina Borghi. Se la conocía como la *Biondina*[82] a causa del color de sus cabellos. No seguía la estela de otras amantes del rey como la propia Elena Sanz, Blanca Espronceda (1834-1900), hija del poeta, o su último amor, la valenciana Adela Almerich (1854-1920), todas discretas y reservadas. Por el contrario, Adelina era el prototipo de la diva exuberante, coqueta, exigente, amante de los brillantes y de las atenciones de los caballeros que pasaban por su camerino. Nunca dudó en vanagloriarse de ser la destinataria de los regios favores. Tanto alardeó de la relación que, en el transcurso de sus actuaciones en el Real, todos los binoculares de la platea se dirigían al palco real para ver la expresión de la reina mientras la *Biondina* lanzaba al aire sus gorgoritos. En esta ocasión, María Cristina fue más contundente. Amenazó a Cánovas con regresar a su país si Adelina Borghi no cruzaba inmediatamente la frontera. Dos días después. aún en contra de la voluntad del rey, José Elduayen, a la sazón gobernador civil de Madrid, condujo a la cantante hasta la estación del Norte y, tras acomodarla en el expreso de Irún, dio órdenes a la policía y notificó a los consulados de Francia e Italia que España declaraba a la Borghi *persona non grata*.

Entretanto, Elena Sanz vivía en París con una asignación de

[82] La rubita.

5.000 pesetas mensuales que le enviaba el rey. Lo cierto es que debía salir de su peculio particular puesto que en 1884 escribió : «Querida Elena, Hasta hoy no te he podido remitir lo que va adjunto porque cerré el mes con deudas y sin un cuarto. Me castigo por el retraso, según verás, remitiéndote 500 pesetas de plus. Seré más exacto en adelante. Me alegro de que los nenes estén buenos. Mil besos de tu Alfonso».

La situación cambió radicalmente el 25 de noviembre de 1885 cuando la tuberculosis acabó con la vida del monarca. María Cristina, embarazada del futuro Alfonso XIII, se convirtió en regente y, de inmediato, retiró la pensión a Elena Sanz. La diva no permaneció de brazos cruzados y, tras un intento de chantaje, en 1866 se avino a firmar el Acta de París, por la que entregó a un intermediario un centenar de documentos, principalmente cartas, que acreditaban la paternidad de Alfonso XII. A cambio se realizó un depósito en deuda exterior de 31.000 francos que los pequeños Alfonso y Fernando podrían retirar al cumplir la mayoría de edad, convertidos en 700.000.

Elena murió en París en la Navidad de 1898. Cuando sus hijos Alfonso[83] (1880-1970) y Fernando (1881-1925) fueron a reclamar su fortuna, no había nada. El banco había quebrado y no podían recuperar el depósito que se ingresó en su momento. Alfonso tuvo una brillante carrera profesional y peleó en vano por su derecho a llevar el apellido Borbón; Fernando[84] fue un deportista de élite y murió soltero en 1925. Desde la muerte de su madre, solo Isabel II (1830-1904) y la infanta Eulalia (1864-1958), la menor de las hermanas de Alfonso XII, quisieron tener trato con ellos.

---

[83] Alfonso llegó a ser director de la empresa Peugot en París y contrajo matrimonio con Guadalupe de Limantour, una adinerada heredera mexicana. Su hija María Luisa (1925-2012) ha peleado por que se vean reconocidos sus orígenes.

[84] Participó como ciclista en los Juegos Olímpicos de Paris de 1900 representando a Francia y logró la plata en la prueba de sprint masculino.

KATIA DOLGORUKI

Katia Dolgoruki fotografiada por Sergei Lwowitsch Lewizki y
Rafail Sergejewitsch Lewizki, 1880.

XVII

Katia Dolgoruki, el amor del zar

(1847-1922)

El 13 de marzo de 1881, el zar Alejandro II (1818-1881) se dirigía al Cuartel de la Manège en San Petersburgo con el propósito de pasar revista a los regimientos de la Guardia de Infantería de Reserva y la Guardia Cazaminas. Viajaba, como era su costumbre, en un transporte cerrado acompañado de siete cosacos, incluido el que se sentaba en el pescante junto al cochero. Aquel día habían reforzado la vigilancia puesto que tanto el zar como los encargados de su custodia sabían del descontento existente en determinados sectores de la población ante los intentos imperiales de modernizar las ancestrales leyes rusas. De ahí que al coche real le siguieran dos trineos como medida de refuerzo ocupados, entre otros, por el jefe de la policía y el jefe de la guardia personal del zar. Inesperadamente, sonó un gran estruendo y la pequeña comitiva quedó envuelta por una nube de humo.

Nadie había reparado que por la acera circulaba un hombre menudo, delgado, envuelto en un largo abrigo negro y que portaba un paquete de pequeñas dimensiones que ocultaba la bomba que había lanzado al paso del coche del zar. Se llamaba Nikolái Rysakov y no iba solo. Muy cerca se encontraba un cómplice, Ignati Grinevitski, quien, cuando vio que Alejandro II había resultado ileso y estaba en pie, comprobando los desastres ocasionados por la primera bomba, lanzó una segunda a los pies del zar.

El jefe de policía Dvorzhitsky dejó un completo testimonio escrito de lo sucedido: «Aún ensordecido por la nueva explosión, herido y caído en el suelo escuché la voz débil de Su Majestad que gritaba, '¡Ayuda!'. Reuní toda la fuerza que pude, me puse en pie y corrí hacia el zar. Su Majestad estaba medio incorporado y se apoyaba en su brazo derecho. Creyendo que solo estaba malherido, traté de levantarlo, pero sus piernas estaban destrozadas, y la sangre manaba de ellas en abundancia. Unas veinte personas, con heridas de diverso grado, estaban sobre la acera y en la calle. Algunos estaban bien, otros se arrastraban, otros trataban de salir de debajo de cuerpos que habían caído sobre ellos…»

Rápidamente, Alejandro II fue conducido hasta el Palacio de Invierno. Aún vivía pero, salvajemente mutilado, se estaba desangrando. Apenas llegar, una mujer, su esposa, corrió hacia él gritando: «¡Sacha, mi querido Sacha!» Era la misma que, apenas una hora antes, le había rogado que aquel día no saliera de palacio ya que su corazón le advertía que se avecinaba una tragedia. Se llamaba Catalina «Katia» Dolgoruki, hacía apenas un año que habían contraído matrimonio pero les unían tres hijos[85] y una larga historia de amor.

Hija del príncipe Miguel Dolgurokov y de su esposa, Vera Vishnevskaya, Katia había nacido el 14 de noviembre de 1847 en la hacienda familiar no lejos de San Petersburgo. Parece ser que el primer encuentro con Alejandro II tuvo lugar cuando la joven solo contaba doce años. Fue en el transcurso de una visita que el zar realizó a su padre con quien mantenía una buena amistad. De ahí que, a la prematura muerte del príncipe Miguel Dolgorukov, el emperador ruso asumió gustoso los gastos de la educación de los cinco pequeños príncipes Dolgorukov.

Se dispuso que Katia y su hermana ingresaran en el Instituto Smolny para Nobles Doncellas de San Petersburgo, una institución docente muy exclusiva donde se educaban las jóvenes de buena familia.

---

[85] Un cuarto había vivido apenas unas horas. «Katia» era el diminutivo por el que la llamaba el zar. Su nombre completo era Yekaterina (Catalina). También se la conoce como Catalina Dolgorukova, o Catalina Dolgorukaya.

Allí creció y, convertida en una adolescente, se reencontró con el zar en el transcurso de una visita oficial que este realizó a la institución. Por entonces, Alejandro II tenía 46 años, estaba casado con María de Hesse-Darmstadt (Maria Alexándrovna, desde su conversión a la religión ortodoxa rusa) quien le había dado ocho hijos[86] pero no era en absoluto un marido fiel. Se le habían conocido varias amantes y se sabía de la existencia de, al menos, siete hijos ilegítimos. Katia, por entonces, solo contaba 17 años y según una descripción contemporánea era «una joven de mediana estatura, figura elegante, sedosa piel de marfil, ojos de gacela asustada, boca sensual y eternamente peinada con unas delicadas trenzas castañas».

Poseía, pues, todos los ingredientes necesarios para agradar al zar quien comenzó a visitarla en el Instituto y a convidarla a dar largos paseos por el entorno. Así, poco a poco, sin prisa y quizás sin advertirlo, la joven fue enamorándose de un hombre que, por edad, bien podía ser su padre.

Katia, sin embargo, no estaba dispuesta a ser una más de las amantes de Alejandro. En sus memorias, escritas en su retiro francés a comienzos del siglo XX, da cuenta de las presiones que ejercieron sobre ella tanto su madre como la directora del Instituto. Ambas la instaban a aceptar los galanteos del zar con el fin de mejorar así el estatus de su familia. Pero ella se resistía. Se sentía como una nueva Ana Bolena, empujada por su familia a los brazos del rey, y tenía muy claro que no quería acabar como ella, si no decapitada físicamente, si en el más absoluto ostracismo cuando Alejandro II perdiera el interés en su persona.

No obstante, a diferencia de la inglesa, en presencia del zar se mostraba fría y nunca ideó estrategia alguna para retenerlo a su lado. Tampoco pudo poner distancia entre ellos ya que Alejandro II la nombró dama de honor de la zarina, por entonces ya muy enferma de tu-

---

[86] Alexandra (1842-1849), Nicolás (1843-1865), Alejandro (1845-1894), que sería su sucesor; Vladimiro (1847-1909), cuya descendencia ostenta actualmente la jefatura de los Romanov; Alexéi (1850-1908), María (1853-1920), Sergio (1857-1905) y Pablo (1860-1919).

berculosis. Tal era la gravedad de su infección que, en 1866, los médicos de la corte, prohibieron al soberano mantener relaciones sexuales con su esposa por miedo al contagio. De alguna manera, al parecer de Katia, la distancia impuesta en el matrimonio imperial convertía a Alejandro en un hombre libre y fue entonces cuando aceptó convertirse en su amante. También Alejandro debió considerarlo así porque la propia Katia escribió que, tras su primer encuentro sexual, le dijo: «Ya eres mi esposa secreta. Juro que si alguna vez soy libre, me casaré contigo».

Pronto se vio que la relación no era banal. El zar se comportaba como un adolescente enamorado. Instaló a Katia en una espléndida mansión cercana a palacio donde nacieron sus hijos[87] y donde la visitaba varias veces a la semana. Los días que no lo hacía intercambiaban largas cartas[88], a veces varias al día, en las que no faltaba el lenguaje en clave y las referencias eróticas.

Era, ciertamente, una relación sólida, sincera y apasionada. Y ello alarmó a ciertos sectores de la corte rusa que acusaron a la favorita de infundir en el zar ideas liberales, de conspirar para convertirse en zarina y de implicarse en oscuros negocios. Era cierto que Katia tenía temperamento y criterio y que, de algún modo, influyó en muchas de las decisiones de Alejandro II como, por ejemplo, en la promulgación del decreto que suavizaba el régimen feudal en que vivían los campesinos rusos. Pero lo cierto es que nunca intrigó para conseguir prebendas ni para ella, ni para los suyos. Llegó hasta tal extremo la maledicencia en torno a la favorita que Alejandro II escribió a su hermana la princesa Olga de Wurtenberg en los siguientes términos: «Ella ha preferido renunciar a las diversiones propias de su edad y ha consagrado su vida a amarme y cuidar de mí sin interferir en cualquier asunto contra lo que opinan quienes quieren utilizar fraudulentamente su nombre. Katia vive solo para mí y dedicada a la educación de nuestros hijos».

---

[87] Georgii (1872-1913), Olga (1874-1925) , Boris (1876) y Yekaterina (1878-1959).
[88] Algunas de las cartas, que suman un total de más de mil, fueron publicadas en 2007.

El 1880 cuando la zarina ya estaba muy enferma, Alejandro II quiso que Catalina se instalara en el palacio de Invierno junto con sus hijos. La situación política del país era extremadamente inestable y temía por su seguridad ante las cada vez más frecuentes alteraciones del orden público con las que los sectores conservadores pretendían frenar las medidas liberalizadoras de la política imperial. La zarina fue la única que no se opuso. Estaba ya muy enferma y con una entereza y una magnanimidad dignas de encomio, quiso conocer a los hijos de Katia. Acudieron los dos mayores de la mano del zar y la moribunda los besó y tuvo palabras de cariño para ellos. Pocos días después, el 8 de junio de 1880, murió.

Un mes después Katia y Alejandro contrajeron matrimonio. La condición morganática de la boda, impedía que Katia se convirtiera en zarina y que sus hijos tuvieran derecho alguno a la sucesión pero el zar le otorgó el título de Princesa Yúrievskaya al tiempo que legitimaba a sus hijos. Lo curioso es que el decreto imperial aludía a la «segunda» boda, es decir, no había mentido cuando al comienzo de su relación le aseguró que era su «esposa secreta»:

Al Senado de Gobierno: Después de haber ingresado por segunda vez en un matrimonio legal, con la princesa Ekaterina Mikhailovna Dolgorukaya, ordenamos que sea nombrada Princesa Yúriyevskaya con el título de Serena Alteza. Ordenamos que el mismo nombre con el mismo título le sea dado a nuestros hijos: nuestro hijo, Georgii, nuestras hijas, Olga y Ekaterina, y también otros que podrían nacer con posterioridad, y conferimos sobre ellos todos los derechos de los hijos legítimos en acuerdo con el art. 14 de las leyes fundamentales del Imperio y el art. 147 de los Estatutos de la Familia Imperial. Alexander. Tsarskoye Selo, 6 de Julio de 1880.

El matrimonio, no obstante, no valió para que Katia cambiara su estatus en el seno de la familia imperial. Continuó absolutamente relegada y nunca se le permitió ni a ella ni a sus hijos participar en las ceremonias oficiales a excepción de aquellas en las que el zar intervenía directamente e imponía su presencia. Ni siquiera se la respetó durante los funerales de Alejandro II. Por el contrario, se la obligó a permanecer junto con sus hijos en el atrio de la iglesia y se les prohibió figurar en la comitiva de la familia imperial.

Es más, como viuda del zar tenía el derecho a residir en el Palacio de Invierno y al uso y disfrute del resto de las residencias reales. Sin embargo, se le impuso que renunciara a sus derechos y a cambio se la otorgó una nueva residencia así como una pensión de 3,4 millones de rublos. Harta de tanto desprecio, Katia decidió viajar a Francia y se instaló entre París y la Costa Azul. Curiosamente, fue una de las pioneras en la promoción de la costa mediterránea francesa como destino turístico de lujo. Allí vivió cómodamente, con un elevado número de personal de servicio y disponiendo de un vagón de tren exclusivo para cubrir sus desplazamientos a la capital. Materialmente, nunca le faltó de nada pero estaba desprovista de libertad de movimientos ya que, por indicación de su hijastro, el nuevo zar Alejandro III, estaba continuamente vigilada por la policía secreta rusa. Paradójicamente, cuando cesó tal acoso y recobró la libertad, hubo de reducir su tren de vida ya que la Revolución bolchevique de 1917 le supuso la pérdida de las rentas procedentes de Rusia. Falleció en Niza en 1922. Habían pasado cuarenta y un años desde aquel fatídico día de marzo de 1881.

KATHARINA SCHRATT

Katharina Schratt en una fotografía fechada c. 1900.

XVIII

Katharina Schratt, la *buena amiga* del emperador de Austria

(1853-1940)

E l 11 de septiembre de 1853, reinaba la inquietud en el hogar de Anton Schratt, un próspero comerciante de Baden bei Wien, una pequeña ciudad en los alrededores de Viena. Su esposa se había puesto de parto y, después de tres varones, todos ansiaban saber si, por fin, iba a llegar la ansiada niña. Sus deseos no tardaron en verse satisfechos. La pequeña recibió el nombre de Katharina y, desde el primer día no se escatimaron medios para su educación ni caprichos que la hicieran feliz. Ni siquiera se le puso obstáculo alguno cuando, llegada la adolescencia, insistió en querer dedicarse al arte de Talía. Todo lo contrario. Sus padres le sufragaron los estudios en el Conservatorio de Arte Dramático Kirchner de Viena y la aplaudieron cuando, en 1872, debutó con un pequeño papel en el Teatro de la Corte de Berlín. Pero aún mayor fue la satisfacción de los Schratt cuando «Kathi», como la llamaban, se presentó en Viena un año después representando el papel protagonista de *La fierecilla domada* de Shakespeare en una función conmemorativa del 25 aniversario de la coronación de Francisco José I como emperador de Austria.

La carrera artística de Katharina Schratt no podía tener mejor comienzo. Sin embargo, en 1879, cuando ya estaba consagrada como una de las actrices de mayor prestigio de la Viena Imperial, decidió apartarse de las tablas para casarse con un apuesto aristócrata húngaro,

Nicolás Kiss von Itebbe. No quiso escuchar a quienes le advertían que su enamorado era derrochador, jugador y un *bon vivant*. Por el contrario se dejó arrastrar por la espiral de una vida llena de lujos y diversión sin ver que estaba muy por encima de sus posibilidades y cuyo único desenlace posible era una total bancarrota que les llevó a contraer enormes deudas. Decepcionada, y sin ver otra posible salida, cuando ya había nacido su primer y único hijo Anton, Katharina se separó amistosamente de su marido en 1881 y regresó a los escenarios.

Quería emprender una nueva vida, de ahí que eligiera Nueva York para su vuelta a las tablas. La ciudad de los rascacielos se rindió a su encanto y a su buen hacer y consiguió un éxito clamoroso con la comedia *¡Divorciémonos!*[89] de Victorien Sardou (1831-1908), donde representaba a una esposa traicionada, un papel en el que, posiblemente, se viera reflejada. Porque, pese a la separación, Katharina seguía enamorada de su marido. Al menos lo suficiente como para regresar a Viena y ayudarle a redimir deudas con las rentas obtenidas con su trabajo y, gracias a sus muchos contactos, proporcionarle un puesto auxiliar en la carrera diplomática.

Se convirtió en la actriz de moda pero, como buena vienesa, su ambición máxima era pasar a formar parte de la compañía del Burgtheater, el teatro imperial. Un deseo imposible de cumplir dada su situación de bancarrota puesto que para integrarse en la primera compañía nacional de teatro había que tener un pasado impoluto y ello implicaba carecer de deudas pendientes. Fue un ferviente admirador, Edward Palmer, con fama de *dandy*, quien dio con la solución: inició una colecta entre sus amigos y reunió 23 000 florines, una fortuna para la época. Aun así, todavía faltaban 7 000 para saldar la deuda y, aunque no se conocían personalmente, fue el Emperador quien corrió a cargo de la diferencia ya que consideró que una actriz de su talla debía encabezar el elenco del teatro vienés por excelencia. De esta

---

[89] *Divorçons!* (1880).

forma, a los 31 años, Katharina Schratt se convirtió en la estrella del Burgtheater y, de alguna forma, entró en la vida de Francisco José I de Austria. Poco después, inició una corta pero apasionada relación con el conde Hans Wilczek que acabó poco antes del 26 de agosto de 1885, cuando la compañía del Burgtheater hubo de acudir a la pequeña ciudad morava de Kremsier para actuar en los actos organizados con motivo de la visita del Zar de Rusia a Austria. La representación se llevó a cabo con éxito y, tras concluir la función, tanto los emperadores de Austria, Francisco José y Elisabeth[90], como el zar Alejandro III y la zarina Maria Fiodorovna[91] quisieron saludar a los actores. A partir de ese momento, la vida de Katharina Schratt cambió para siempre.

Francisco José I había nacido el 18 de agosto de 1830 en el palacio de Schönbrunn de Viena. Tenía, pues, veintitrés años más que Katharina. Era un buen estadista y un hombre metódico, sereno y ponderado, cuya figura quedaría definitivamente atrapada en la leyenda gracias a la singular mujer que, años más tarde, se convertiría en su esposa: Elisabeth de Wittelsbach. Su historia de amor no había sido resultado de la casualidad. Su madre, la archiduquesa Sofía, era hermana de Ludovica, esposa de Maximiliano de Baviera, un noble rural emparentado con la familia real bávara. Un viejo proyecto de familia había destinado a su primogénita, Elena, como esposa de su primo, el Emperador. Pero, en 1854, cuando ambas familias se reunieron para concertar los detalles del compromiso en la estación balnearia de Bad Ischl, Francisco José se enamoró rendidamente de la hermana menor de Elena, Elisabeth «Sissi», una jovencita de poco más de quince años. Esbelta y muy atractiva, en su rostro ovalado destacaban sus expresivos ojos entre castaños y verdes y su espléndida cabellera. Pero, sobre todo, su naturalidad la hacía radicalmente distinta de las damas cortesanas a las que Francisco José estaba acostumbrado.

---

[90] Popularmente conocida como Sissi.
[91] La princesa Dagmar de Dinamarca adoptó el nombre de Maria Fiodoróvna al convertirse a la religión ortodoxa.

De poco importaron las reticencias de la joven a contraer matrimonio. Al saber que el emperador le había elegido como compañera de trono y vida, Sissi se sintió halagada y atraída por sus atenciones pero, como mujer inteligente que era, advirtió enseguida el abismo caracterológico e intelectual que le separaba de su primo. Aun así, también era consciente de que el emperador de Austria no admitiría nunca una negativa.

La boda se celebró el 24 de abril de 1854 en la *Augustinerkirche* de Viena entre el entusiasmo del pueblo, convencido de que era una boda por amor y el descontento de las clases privilegiadas que, encabezados por la propia madre del emperador, se temían que aquella jovencita acostumbrada a la vida rural, vehemente, culta y liberal, no daba el perfil adecuado para una emperatriz cuyo deber era someterse al rígido protocolo de la corte vienesa. No tardaron en comprobar cuan acertados estaban. La etiqueta cortesana hacía imposible cualquier comportamiento espontáneo y, lo que es peor, privaba de todo tipo de intimidad. Mientras en otras cortes como la británica, la española o la francesa, los monarcas seguían un comportamiento muy similar al de las grandes familias burguesas de la época, en Austria la rutina diaria de Emperadores y archiduques continuaba sujeta a la añeja etiqueta impuesta siglos atrás por los Habsburgo españoles. Elisabeth debía estar acompañada las veinticuatro horas del día por damas de una cierta edad, conservadoras, formalistas y maldicientes que no daban lugar a ningún tipo de improvisación. La joven emperatriz se sentía absolutamente sola en un medio al que no se sentía unida ni afectiva ni intelectualmente. Solo el nacimiento de sus hijas, Sofía y Gisela, pareció paliar un poco su desencanto. A ellas se unió, en 1858, el ansiado varón, Rodolfo, pero la alegría por contar con un *Koprinz* se vio ensombrecida por la muerte, un año antes, de la mayor de las niñas cuando apenas contaba tres años. Diez años después, en 1868, nació María Valeria que ocuparía siempre un lugar muy especial en el corazón de su madre.

Desde la muerte de su hija Sofía la vida de Elisabeth se convirtió en una continua huida de una corte que la asfixiaba. Madeira, Corfú, Trieste... cualquier lugar era bueno mientras le permitiera ser ella misma. Allí escribía poemas, leía a los clásicos, montaba a caballo y disfrutaba de la naturaleza, su gran pasión. Pero sentía un cierto remordimiento por el abandono que podía sentir su marido. Pese a sus diferencias de carácter, la pareja imperial mantenía una relación cordial y amistosa, que, si bien no se puede calificar de pasión arrebatadora, si es cierto que estaba basada en un sincero afecto y una profunda generosidad mutua.

De ahí que, al contemplar la mirada ilusionada con que Francisco José escrutaba a Katharina viera en ella al *alter ego* perfecto, no para sustituirla como Emperatriz, pero si para dar a su esposo el cariño y la compañía que ella, aunque quisiera, no podía darle. Decidida a favorecer la relación, provocó un encuentro casual en junio de 1886 en el que los tres charlaron amistosamente. Poco después, Katharina recibió una carta personal del Emperador firmada como «Vuestro devoto Francisco José» acompañada de una valiosa joya.

Fue el inicio de una nutrida correspondencia[92]. Ciertamente, el emperador era muy aficionado al género epistolar ya que durante las ausencias de Elisabeth solían intercambiar cartas a diario. En las cartas a Katharina se mostraba afable, considerado, cortés. Más cerca de un buen burgués, que de un mayestático emperador. Y, a la comunicación escrita, siguió la presencial. Ese mismo verano en Bad Ischl, donde el protocolo era algo más relajado, Francisco José y Katharina comenzaron a tener encuentros privados que no íntimos. Convertida en su confidente, cada día, mañana y tarde, daban un corto paseo en los que la vitalidad, el sentido del humor y el comportamiento afectuoso de Katharina eran una inyección de vida para el emperador.

---

[92] Las cartas, conservadas en los archivos de los descendientes de Anton Kiss, el hijo de Katharina, han sido recopiladas y publicadas en varias ocasiones desde la muerte de su destinataria. Sin embargo, no se conservan las que ella envió al emperador.

Luego, ya en Viena, Katharina alquiló una lujosa villa cercana a Schönbrunn y siguió actuando en el Burgtheater pero continuaron con la misma rutina del paseo matinal al que precedía un copioso desayuno preparado por la propia actriz en su residencia. A cambio de su compañía, Francisco José apuntaló debidamente la maltrecha economía de Katharina con costosos obsequios y alguna que otra asignación puntual. Por entonces la actriz se dedicaba en exclusiva a las comedias ligeras o de salón lo que aumentó extraordinariamente su popularidad.

Solo les separaban las giras de la actriz, ya que el emperador apenas se desplazaba fuera de Viena. A fines del verano de 1887, Francisco José escribió a Katharina: «Apenas hace ocho días que no os he visto y sin embargo tengo la sensación de que ha transcurrido una eternidad y es que uno se acostumbra rápidamente a la felicidad». Pero ¿a qué tipo de felicidad se refería? Nunca se ha sabido si la relación entre ambos pasó al terreno de la carnalidad. Posiblemente se trató simplemente de una estrecha amistad con tintes de amor platónico. Al menos eso parece deducirse de la carta que, en 1887, el emperador escribió a Katharina «Me pedís que os participe mis sentimientos, cuando sabéis con total seguridad cuanto os adoro [...] pero nuestra relación debe continuar en el futuro como hasta ahora si es que tiene que ser duradera y debe serlo porque me proporciona una dicha inmensa. Amo a mi esposa y no me atrevería a quebrantar su confianza y la amistad que siente por vos. Como ya soy demasiado viejo para ser un amigo fraternal, permitidme ser vuestro amigo paternal».

Siempre quedará la incógnita de si, al correr del tiempo, acabaron por mantener relaciones sexuales o su comunicación se mantuvo en los términos que parece indicar la carta del Emperador. En cualquier caso, la compenetración entre ambos fue cada día mayor como lo demuestra el hecho de que, a partir de1888, cambió el «Distinguida señora» con el que se dirigía a Katharina por «Mi verdadera y querida amiga». Por su parte, la emperatriz siempre se refería a ella como *la buena amiga*. Elisabeth estaba segura de su ascendiente sobre su esposo y no veía en Katharina a una rival. Por el contrario le descansaba saber que ella podía gozar de su libertad mientras Francisco José estaba cuidado, protegido e ilusionado con Katharina. Hasta tal punto funcionaba este peculiar *ménage a trois* que, cuando compartía unas cortas vacaciones con su esposa en Cap Martin, el emperador escribió a Katharina: «Anteayer cuando tomábamos el desayuno en Chez Piermont, la emperatriz exclamó: '¡Me falta algo!' [...] Cuando le pregunté, me respondió: 'Nuestra *buena amiga* debería estar aquí disfrutando de esto con nosotros'»

Es más, fue la propia Elisabeth quien para cortar las habladurías ofreció a la pareja el apartamento de Ida Ferenczy, su dama de confianza, a fin de que los encuentros entre Francisco José y Katharina fueran más discretos. Allí se encontraba la actriz esperando la llegada del emperador el 30 de enero de 1889, cuando recibió una nota de Elisabeth requiriéndola para que acudiera de inmediato a consolar a su esposo. En el pabellón de caza de Mayerling, acababa de hallarse el cuerpo sin vida del príncipe heredero Rodolfo[93].

La tragedia devastó al Emperador y, desde entonces, Elisabeth ya no fue más que una sombra de sí misma. Perpetuamente enlutada[94], emprendió una febril huida de todo lo que tuviera que ver con la corte vienesa a la que acusaba de la muerte de su hijo. Viajó frenéticamente sin rumbo alguno, siempre escondida tras un gran abanico, un seudónimo o un velo que le hacía creer que así pasaba desapercibida. Solo la tranquilizaba pensar que su esposo estaba en buenas manos: las de Katharina. La *buena amiga* se trasladó a una residencia aún más cerca de palacio desde donde siguió cuidando del maltrecho ánimo del emperador al tiempo que velaba por la buena marcha de

---

[93] Rodolfo apareció muerto en el pabellón de caza de Mayerling junto con su amante María Vetsera. Tradicionalmente se ha dicho que fue un suicidio pactado pero estudios recientes apuntan a la posibilidad de un crimen de estado a causa de las ideas liberales del *kronprinz* y la existencia de una posible conjura contra el emperador.

[94] Solo cambió el negro por el gris con motivo de la boda de la archiduquesa María Valeria.

su vida doméstica. A cambio, no solo continuó recibiendo el fervor de Francisco José, una asignación monetaria y delicados obsequios, sino también una plaza para su hijo Anton en el prestigioso colegio Theresianum de Viena y un ascenso en la carrera diplomática[95] para su ex-marido.

Hasta entonces la discreción y una cierta tolerancia por parte de la opinión pública, les había permitido vivir su amistad sin sobresaltos. Pero la situación política de un Imperio en decadencia hacía ver peligro incluso donde no lo había. Hacia 1892, se desató una campaña de prensa contra Katharina en la que se la tachaba de «favorita», se la acusaba de enriquecerse a costa del erario público y se denunciaba una presunta vida escandalosa. La culminación de las insidias llegó cuando su hijo recibió en el Theresianum una serie de anónimos amenazadores. Para hacer callar todas las bocas, la propia Emperatriz que se encontraba en Karlsbad tomando las aguas, invitó a la actriz y a su hijo a tomar el té con ella en público.

Por entonces el embajador de Alemania en Viena había descrito a Katharina como «deslumbrante y con un aspecto increíblemente joven, de tez maravillosa, melena de oro resplandeciente y grandes ojos azules de una dulzura infinita». Unos ojos azules que, sin duda, se llenaron de lágrimas cuando, el 8 de septiembre de 1898, un estilete empuñado por el anarquista Luigi Lucheni segó para siempre la vida de Elisabeth.

La relación con el emperador continuó aun con alguna que otra intermitencia[96] causada en parte por la hostilidad de la archiduquesa María Valeria[97], la hija preferida de Elisabeth. Retirada de los escenarios desde 1900, Katharina participó de las celebraciones organizadas con motivo del jubileo de diamante del Emperador en 1908. Es más cuando, en 1909, murió el esposo de la actriz se rumoreó

---

[95] Durante unos años fue Vicecónsul en Barcelona.
[96] Por lo que parece entre 1900 y 1901 se cortó todo contacto entre ellos.
[97] María Valeria calificaba la relación entre Katharina y su padre de «desafortunado asunto» y cuando se refería a la actriz la denominaba «esa desagradable Schratt».

la posibilidad de un matrimonio morganático que nunca llegó a celebrarse.

El estallido de la I Guerra Mundial en 1914 y la muerte de su sobrino y heredero Francisco Fernando en Sarajevo, hundieron definitivamente al ya anciano emperador. Katharina, no obstante, siguió a su lado prodigándole todo tipo de atenciones y con su abnegación se ganó hasta el corazón de María Valeria, su irreconciliable enemiga. Fue ella quien, el 19 de noviembre de 1916, la hizo llamar para que se despidiera de su padre agonizante. Dos días después, el emperador falleció. En la antesala de la cámara mortuoria, María Valeria abrazó a Katharina, la emplazó para que asistiera a los solemnes funerales de estado y le agradeció su lealtad para con su padre.

Sobrevivió al emperador un cuarto de siglo. Pero, desde su muerte, vivió retirada en su espléndida mansión próxima a Schönbrunn. Cuando diversos editores le pidieron que escribiera sus memorias se negó, diciendo «No soy una escritora, soy una actriz y no tengo nada que contar. Nunca fui una Madame de Pompadour ni tampoco una Maintenon». Falleció el 17 de abril de 1940, cuando Austria sufría la ocupación nazi. Con ella se iba toda una época. Aquella en la que Viena y el mundo entero habían danzado al compás de un vals.

MADAME LUPESCU

Magda Lupescu en una fotografía fechada c. 1940.

XIX

Madame Lupescu

(1895-1977)

A fines de 1923, un joven oficial del ejército rumano paseaba por la ciudad de Jassy, al noreste del país, cuando se detuvo ante el escaparate de un ropavejero. Entretenido, contemplaba mil y un artículos de escaso valor cuando apareció entre los objetos un rostro encantador orlado de una llamativa cabellera rojiza que le sonrió. El paseante se llamaba Carol de Hohenzollern-Sigmaringen y era el heredero de la corona de Rumanía. La bella aparición, Magda Wolf y era la mujer que iba a costarle el trono.

Carol estaba destinado por su padre en aquella pequeña ciudad de provincias rumana a fin de alejarle de la corte de Bucarest. Era la solución que Fernando I de Rumanía había encontrado para acallar el escándalo que había producido el matrimonio morganático de su primogénito con la hermosa Juana María, Zizi, Lambrino (1898-1953) una damisela hija de un coronel del ejército por cuyo amor el joven príncipe había desertado del ejército en plena I Guerra mundial para cruzar la frontera rusa y contraer matrimonio clandestino en Odessa (Rusia). Ni que decir tiene que, un año después de acabar la contienda, el matrimonio se había anulado y el rey había condenado públicamente a su heredero bajo la acusación de haber sido «indigno de su alta misión». Como castigo había desterrado a Carol a los Cárpatos mientras se prohibía a Zizi Lambrino que volviera a pisar territorio rumano, si bien se le otorgó una espléndida pensión que aumentó cuando, en 1920, nació su hijo Mircea.

Poco después del *affaire* Lambrino, en un intento desesperado de conseguir que su hijo y heredero sentara la cabeza, Fernando I de Rumania había concertado su matrimonio con la princesa Elena de Grecia (1896-1982). La boda tuvo lugar en 1921 y siete meses después nació un niño prematuro que estaría llamado a ser el último rey de Rumania, Miguel.

El matrimonio estaba destinado al fracaso. Al fogoso temperamento del heredero se contraponía la conducta recatada y fría de su esposa quien creyó cumplida su misión al dar a luz al heredero y, desde entonces, vivió alejada de su esposo. De hecho, no le faltaban razones para hacerlo ya que era *vox populi* los múltiples romances de Carol con mujeres de toda clase y condición y especialmente su sonado idilio con la bailarina Mireille Marco-Vici quien le dio un nuevo hijo, Mirel.

No es de extrañar, pues, que a fin de poner fin a su escandalosa conducta el rey enviara a su heredero a provincias y concretamente a Jassy. Con lo que no contaban ni Fernando ni María de Rumanía[98] era que, precisamente, en su destino iba a encontrar a la mujer que, a decir de muchos, sería su perdición.

La bella desconocida que el príncipe descubrió tras el escaparate de Jassy, se llamaba Magda-Elena Wolf, si bien se hacía llamar Elena Lupescu. Sus padres, un judío de origen alemán que «rumanizó» su apellido por Lupescu[99] y una bailarina de etnia gitana, residían en Jassy donde habían abierto un bazar de objetos de segunda mano y allí, el 15 de septiembre de 1902, nació su hija Magda.

Más que bella, Elena Lupescu era extraordinariamente atractiva y, pese a su juventud, dominaba las artes de la seducción con una asombrosa habilidad. Tanta que tan solo unas semanas después cuando Carol regresó a la corte de Bucarest, la joven Lupescu ya le acompañaba

---

[98] María de Rumania (1875-1938) era nieta de la reina Victoria de Inglaterra. Inteligente y preparada fue la artífice de la alineación de Rumania en el bando aliado durante la I Guerra Mundial

[99] Lupescu es, en rumano, la traducción de Wolf «lobo».

en calidad de amante. En principio, se creyó que era una nueva aventura del heredero. Sin embargo el idilio fue progresando hasta el punto de hacerse del dominio público y llegar a la prensa que de inmediato recogió los volcánicos amores del príncipe Carol con la explosiva pelirroja. Tanto se indagó sobre ella que un avezado reportero de la entonces recatada prensa rosa descubrió que Magda-Elena Lupescu estaba casada desde hacía tres años con un militar de apellido Tampeanu, del que nunca más se tuvo noticia.

Nada de esto importaba a Carol. Tampoco que su esposa Elena se retirara al campo con su hijo Miguel o que, como respuesta a la partida de la princesa consorte, su padre expulsara del país a la Lupescu. Con la excusa de acudir a las exequias de la reina madre de Inglaterra[100], Carol salió de Rumanía para encontrarse en París con su amante. Desde la capital francesa, envió a su padre una carta a la que adjuntaba su renuncia a todo derecho sucesorio. Posiblemente pensó que no la aceptaría, que su aventura quedaría en nada como había sucedido con Zizi Lambrino y que su adorada Elena acabaría compartiendo su corona. Se equivocaba. Fernando I no solo aceptó su renuncia sino que esta fue acogida con júbilo por un amplio sector político al tiempo que se nombraba heredero al pequeño Miguel, su hijo.

Era enero de 1926. Un año después, a la muerte de Fernando I, se entronizó a Miguel I como soberano de Rumanía, y puesto que solo tenía 6 años se instituyó un consejo de Regencia. Pero la opinión pública es mudable y tras dos años de vacilaciones, el clamor popular, obligó al primer ministro a reclamar a Carol para que ocupara el trono. Eso sí, con la condición de que Madame Lupescu no pisara tierra rumana.

La apasionada pareja pareció aceptar lo que el destino les imponía pero no por ello dejaron de jugar sus cartas. En París, Magda dio una rueda de prensa en la que aseguraba que, pese a la distancia, nada ni nadie podría destruir el amor que el rey y ella se profesaban. Aseguró que no podría soportar el dolor que le causaba su ausencia e

[100] Alejandra de Dinamarca, viuda de Eduardo VII.

incluso coronó su *performance* con un desvanecimiento bien calculado. Por su parte, Carol insistía ante sus ministros en que no podía gobernar sin tener a su amada cerca. En consecuencia, tres semanas después, la favorita regresó a Bucarest, la reina Elena abandonó el país y el primer ministro dimitió.

Comenzaron las manifestaciones contra Madame Lupescu —como se hacía llamar— a la que tildaban de «Loba judía». Llegaron incluso a quemar su imagen en público, pero Magda, impertérrita, no solo permanecía junto a Carol sino que comenzó a intervenir en política y a repartir prebendas entre sus allegados.

Las protestas en una Rumania que era fiel reflejo de la Europa de entreguerras fueron *in crescendo*. La *Garda de Fier* («Guardia de hierro») una organización similar a las falanges nazis, la hizo víctima de su antisemitismo e incluso llegó a atentar contra su vida si bien la suerte la libró de las balas que se incrustaron en la carrocería de su automóvil y que llegaron a traspasar su bolso de mano. Herida en su orgullo, influyó decisivamente en Carol para que aumentara sus poderes gubernamentales y en 1938, tras declarar nulas las elecciones, acababa por ser un dictador coronado. Para reforzar su posición creó la *Straja tarii* («Milicias de la Patria») una organización de carácter ultraderechista. De nada le sirvió, en septiembre de 1940 la Guardia de Hierro irrumpió en palacio exigiendo la abdicación de Carol en su hijo Miguel quien, nuevamente, volvió a ser proclamado rey.

A cambio, se permitió que Carol II, una vez destronado, saliera del país con sus pertenencias personales. Así lo hizo, pero surtió su equipaje con objetos y joyas de gran valor además de reservas de oro y dinero del tesoro público, famosas pinturas de Tiziano y algún que otro Greco. No encontró objeción alguna para hacerlo. Sin embargo, nadie estaba dispuesto a que Magda Lupescu saliera del país. Convencidos de que, pese a la prohibición, acompañaba al rey, un grupo de paisanos se dirigieron a la frontera con la intención de detener el tren en el que viajaba el depuesto soberano. Enterado de ello, Carol no tuvo otra idea mejor que esconder a Magda en el interior de una bañera portátil y sentarse encima hasta cruzar la frontera.

Desde entonces Carol y Magda emprendieron una vida frenética plena de lujo, diversión y frivolidad, viajando por toda América y recorriendo diversos países de Europa. Todo pareció quebrarse cuando, en 1947, durante una estancia en Río de Janeiro, se diagnosticó a Magda una leucemia. Convencido de que se encontraba a las puertas de la muerte y, puesto que su divorcio de la reina Elena era ya un hecho, Carol accedió a casarse con ella. Súbitamente, tras el matrimonio, la enferma recobró la salud. Años más tarde se descubrió que había pagado 100 000 cruceiros a un analista para que intercambiara una muestra de sangre de un paciente con leucemia, con la extracción a la que ella se había sometido. Evidentemente, un médico certificó la enfermedad... y la posterior curación. 100 000 cruceiros debieron parecerle muy poco a la hija de un humilde ropavejero si con ello conseguía el pasaporte para cruzar el mundo como Su Alteza la princesa Elena-Magda de Hohenzollern.

Ya como marido y mujer, Carol y Magda se retiraron a una lujosa villa en Estoril (Portugal) donde continuaron con su agitada vida social y frecuentaron al resto de soberanos exiliados que se encontraban en la villa portuguesa: los reyes de Bulgaria, la familia real italiana, los condes de Barcelona, los condes de París y sus hijos...

En 1953, el rey Carol sufrió un infarto de miocardio y falleció repentinamente. Desde ese momento, Magda Lupescu inició una febril carrera por conseguir que se reconociera su estatus[101] frente a las demandas del legítimo heredero, Miguel, por entonces también exiliado, que se veía privado de una herencia que le correspondía. Otro tanto hizo Mircea Lambrino, sin que obtuviera resultado alguno.

Magda Lupescu sobrevivió al rey Carol veinticuatro años. No volvió a pisar tierra rumana. Solo regresó a su país cuando, en 2003,

---

[101] Se basaba en haber contraído matrimonio religioso por el rito ortodoxo en Lisboa en 1948.

se repatrió su cuerpo junto con el de Carol desde Lisboa a Bucarest, concretamente desde la basílica de São Vicente de Afora donde habían sido enterrados, hasta el tradicional mausoleo de los reyes rumanos en Valaquia. No obstante, los restos de Madame Lupescu no reposan eternamente junto a los de quien fuera rey de Rumania. Mientras Carol I fue sepultado en el panteón real del monasterio de Curtea de Arges, Elena fue enterrada en el cementerio del monasterio muy lejos de una capilla real en la que, contra lo que ella sostenía, no tenía derecho a estar.

CAMILA PARKER

Camila Parker en una fotografía tomada hacia 1980.

XX

Camila Parker, el amor vetado del Príncipe de Gales

(n. 1947)

El 29 de julio de 1981, el mundo entero estaba pendiente de lo que sucedía en la londinense catedral de San Pablo. Aquel día se celebraba la boda de Carlos, príncipe de Gales y como tal heredero de la corona británica, con la joven aristócrata Diana Frances Spencer. Solo había una invitada en la amplia nave que parecía ajena a la celebración. Justo la mujer que había compartido la noche anterior con el flamante novio: Camila Parker Bowles.

Camila estaba segura del amor que el príncipe de Gales le profesaba pero estaba resignada a ser «la otra». Sabía perfectamente que no podía aspirar a más —estaba casada y era católica—y que el matrimonio con Diana era una pantomima a fin de asegurar la sucesión. Quizás Camila se había preguntado en algún momento si Carlos, para cumplir con sus deberes de Estado, no podía haberse casado con una mujer menos bella y menos joven que Diana pero, enterada de que todo se debía a una maniobra de la Reina Madre[102], lo aceptó. Es más, convenció a Carlos de que era la mujer que convenía tanto a él como a la corona.

Carlos de Gales y Camila Parker Bowles se habían conocido en 1970 cuando ella aún era Camila Shand y acababa de terminar sus

---

[102] Elisabeth Bowes Lyon (1900-2002) fue esposa del rey Jorge VI y como tal reina consorte del Reino Unido. Tras la muerte de su esposo en 1952 y la coronación de su hija Isabel II, se le otorgó el tratamiento de Reina Madre.

estudios en Suiza y Francia. Fue al finalizar un partido de polo cuando con su proverbial espontaneidad, Camila se había dirigido al príncipe diciendo:

—«¿Ya sabe, alteza, que mi bisabuela Alicia Keppel fue amante del Rey Eduardo VII[103]?».

Evidentemente, la pregunta tenía todos los ingredientes para convertirse en una invitación al flirteo y Carlos no lo dudó y entró al trapo. De esta forma tan simple se inició una larga historia de amor llena de dificultades y múltiples interrupciones pero con final feliz.

Camila había nacido en el King's College Hospital de Londres el 17 de julio de 1947. Es, por tanto, un año mayor que Carlos nacido en el londinense palacio de Buckingham en 1948. Hija de un héroe de la II Guerra Mundial, el comandante Bruce Shand (1917-2006), exoficial del Ejército británico reconvertido en comerciante de vinos y de Rosalind Cubitt (1921-1994), la mayor de las hijas del III barón de Ashcombe, había sido bautizada según el rito católico el 1º de noviembre de 1947 en Sussex, la misma ciudad en la que siguió estudios de primaria que completó en la Queen's Gate en Kensington (Londres). Sin ser una mujer bella, siempre poseyó un gran encanto. Alegre, extrovertida, sin complejos, es buena conversadora y tiene un gran sentido del humor. Desde siempre ha adorado el campo y los caballos, dos aficiones compartidas con el príncipe Carlos y que sirvieron para reforzar aún más la unión entre ambos.

No es de extrañar, pues, que desde su primer encuentro con el heredero británico, la prensa del corazón la señalara como una buena candidata al trono. Sin embargo, su condición de católica romana hacía prácticamente imposible el matrimonio ya que el monarca británico es jefe de la iglesia anglicana. Convencida, pues, de que su relación con el príncipe de Gales no podía llegar a buen puerto, en 1973 decidió aceptar la propuesta de matrimonio del mayor Andrew

---

[103] Eduardo VII fue el tatarabuelo de Carlos de Inglaterra.

Henry Parker Bowles, un amor de adolescencia. Rompió entonces todo vínculo amoroso con Carlos de Gales si bien siguieron manteniendo una buena amistad como lo demuestra el hecho de que el propio príncipe apadrinara al mayor de los hijos de Camila, Thomas Henry Charles[104] (n.1974)

Es difícil saber cuándo y cómo Carlos y Camila retomaron su historia de amor. Todo parece indicar que fue hacia 1979 cuando, tras reencontrarse en una fiesta y bailar toda la noche, Carlos pidió a Camila que se divorciase y se casara con él. Sensatamente, Camila se negó: sabía que el matrimonio en sus condiciones era imposible y no estaba dispuesta a que Carlos renunciara a su condición de sucesor de la corona pero, desde entonces, no cesaron de frecuentarse y compartieron numerosos fines de semana. Oficialmente eran grandes amigos pero lo cierto es que en 1981, cuando Carlos contrajo matrimonio, eran amantes y que Diana no tardó demasiado en descubrir el engaño. Se dice que poco después de la boda, cuando en el transcurso de un banquete al que asistían ambas Camila le comentó: «Todos los hombres del mundo están enamorados de la Princesa de Gales. ¿Qué más se puede querer?». Diana respondió: «A mi marido».

Por entonces ya había nacido el segundo hijo de los príncipes de Gales, Enrique[105] y Diana, a la que ya todos conocían como Lady Di, había dejado de ser feliz. Las diferencias de carácter entre la pareja se hacían cada vez más evidentes. A Diana le gustaba la vida urbana, el baile, la música rock, se aburría soberanamente en el campo y distaba mucho de poder ser calificada de intelectual. Carlos era amante del arte, amigo del campo y de la vida al aire libre, buen lector y excelente conversador, cualidades y aficiones que compartía con Camila, pero de las que Diana estaba muy lejos. El matrimonio, pues, estaba destinado al fracaso, máxime cuando Diana no estaba dispuesta a soportar «un matrimonio a tres» como ella misma expresó ante las cá-

---

[104] En 1978 nació la segunda de los hijos de Camila, Laura Rose.
[105] El 15 de septiembre de 1984. Le precedía, Guillermo que nació el 21 de junio de 1982.

maras. Para ser justos, hubiera debido decir «a cinco» ya que en aquellas fechas vivía un largo romance con su profesor de equitación, un militar llamado James Hewitt.

Pese a los esfuerzos de Buckingham de silenciar la situación, no pudo guardarse sigilo alguno sobre el distanciamiento de los príncipes de Gales. A partir de 1987, la prensa sensacionalista británica comenzó a hacerse eco de la existencia de una imparable crisis matrimonial entre los herederos al trono. Por fin, en mayo de 1992, los rumores de separación se hicieron presentes en los medios. Y ocurrió lo que nadie esperaba: se destapó la relación de Carlos con Camila mediante la transcripción en la revista australiana, *New Idea,* de una conversación telefónica privada mantenida por ambos el 18 de diciembre de 1989. Duraba seis minutos, pero los diarios británicos solo publicaron un extracto de la misma. Extracto que, rápidamente, dio la vuelta al mundo[106]:

> CAMILA.-Mmm... eres increíblemente bueno cuando te acercas tanto a mí.
>
> CARLOS.-¡Ay, para! Quiero sentirme muy cerca de ti, encima de ti, rodeándote, arriba y abajo, dentro y fuera...
>
> CAMILA.-¡Ay!
>
> CARLOS.-Sobre todo dentro y fuera
>
> CAMILA.-Sí... es justo lo que necesito ahora.
>
> CARLOS.-¿Sí?
>
> CAMILA.-Sé que me hará revivir. No puedo soportar una noche de domingo sin ti.
>
> CARLOS.-Dios mío.
>
> CAMILA.-Es como el programa «Comienza la semana». No puedo empezar la semana sin ti.
>
> CARLOS.-¿Te lleno el depósito?

---

[106] Extracto de las conversación publicado por el diario *El País* el 14 de enero de 1993.

CAMILA.-Sí, por favor.

CARLOS.-Para que luego puedas aguantar.

CAMILA.-Entonces me quedaré bien.

CARLOS.-¿Y qué pasa conmigo? El problema es que te necesito toda la semana, todo el tiempo. ¡Dios mío! ¡Si pudiera vivir metido en tus pantalones sería mucho más fácil!

CAMILA.-¿En qué te vas a convertir? ¿En unas bragas? Vaya, ¿Así que te vas a convertir en unas bragas?

CARLOS.-Dios no lo quiera; en un Tampax. ¡Estaría bueno!

CAMILA.-¡Qué tonto eres! ¡Ay! Qué idea más buena.

CARLOS.-¡Menuda suerte! ¡Ser arrojado a la taza del water y no parar nunca, dando vueltas en el agua sin hundirme nunca...!

CAMILA.-¡Cariño!

CARLOS.-...hasta que venga el próximo.

CAMILA.-¡A lo mejor podrías convertirte en una caja!

CARLOS.-¿Qué tipo de caja?

CAMILA.-En una caja de Tampax; así podrías durar siempre. ¡Cariño! Te quiero ahora.

CARLOS.-¿En serio?

CAMILA.-Mmmm....

CARLOS.-De verdad.

CAMILA.-Con locura, con locura, con locura.

Tras la publicación de una conversación como la transcrita no había lugar a duda sobre el cariz de las relaciones entre Carlos y Camila, el escándalo fue mayúsculo. Se acusó al MI-5, el servicio secreto británico, de haber grabado y difundido las comprometedoras conversaciones telefónicas y ni siquiera la negativa del *premier* británico, John Major, consiguió acallar las habladurías. El buen nombre de los herederos del trono británico quedó muy dañado, máxime cuando Diana también había acudido a la prensa para dar su versión de la crisis y entre las tres cintas publicadas se encontraba otra que reproducía una conversación de la princesa con otro posible amante, James Gilbey.

El «camilagate» como se denominó popularmente apuntaba, además, a una conspiración política de gran alcance que hizo decir a Lord Rees-Mogg, antiguo propietario de *The Times* : «Creo que las tres cintas (además de las dos mencionadas había una tercera que supuestamente afectaba a los duques de York[107]) indican que debe haber una vigilancia deliberada sobre la familia real. Lo que me pregunto es si forma parte de una operación de seguridad, si la familia real era espiada dentro de un programa del M15 y, de alguna forma, las grabaciones se filtraron».

Había que acabar con la situación. En 1994, los príncipes de Gales se separaron oficialmente y, de inmediato, se desató una auténtica guerra de acusaciones mutuas, que incluyó sendas entrevistas televisadas en las que Diana detallaba su sufrimiento durante los años de matrimonio pero en las que puso en evidencia su carácter inestable y su frágil salud psíquica. Finalmente, el 12 julio de 1996, se hizo público el divorcio de los príncipes de Gales. Apenas un año después, el 30 de agosto de 1997, la muerte de Diana de Gales en un accidente de automóvil en el Pont de l'Alma de París conmocionó al mundo.

No había llegado aún la hora de Camila. El mundo entero la acusaba de haber sido la causante del sufrimiento de Diana a la que bautizaron como «la princesa del pueblo», mientras que la monarquía británica, dada su fría reacción ante la muerte de la que fuera princesa de Gales, se veía cuestionada como nunca lo había sido hasta entonces. Diana había muerto pero, a cambio, había nacido un mito y los mitos son rivales incombustibles.

Carlos, sin embargo, no se arredró. Camila estaba divorciada desde 1995 y ya no tenían por qué esconderse. Paulatinamente, Camila fue apareciendo en actos oficiales pero nadie pensaba en un nuevo ma-

---

[107] Andrés, duque de York es hermano de Carlos de Inglaterra y, por entonces, estaba casado con Sarah Ferguson, una unión que también acabó en divorcio en 1996.

trimonio. Si en el futuro, Carlos accedía al trono iba a ser, además, Gobernador Supremo de la Iglesia de Inglaterra. Cierto que la apertura de las iglesias católica y anglicana permitía su unión pero la jerarquía eclesiástica, amplios sectores políticos y la opinión pública calificaban de escandalosa la boda del heredero con una mujer con la que había mantenido relaciones mientras ambos estaban casados.

No obstante, todas las dificultades acabaron por superarse y en 2005, desde el palacio de Buckingham se anunció el compromiso de Carlos y Camila, filtrando que se contaba para ello con la aprobación de los príncipes Guillermo y Enrique a fin de acallar posibles suspicacias ante la opinión pública. En el comunicado se anunciaba, además, que Camila llevaría el título de duquesa de Cornualles, con tratamiento de Alteza Real, y de duquesa de Rothesay en Escocia pero nunca sería denominada princesa de Gales como señal de respeto a la memoria de Diana.

La doble ceremonia se celebró el día 9 de abril[108] de 2005. Primero, una escueta boda civil en el Ayuntamiento de Windsor a la que siguió un oficio religioso en la capilla del castillo. Al trámite legal solo asistieron los amigos íntimos de la pareja, sus hermanos y sus hijos. Unas treinta personas en total que pudieron contemplar a una Camila radiante vestida de blanco roto por Anna Valentine y tocada con una espectacular pamela. Luego, en la capilla de San Jorge, lució un conjunto de vestido de seda azul acompañado de una levita bordada con hilos de oro y pequeñas lentejuelas firmado por el también británico Robinson Valentine. Sobria pero elegante, serena pero emocionada, no perdió la sonrisa ni siquiera cuando, antes de recibir la bendición del primado de la Iglesia de Inglaterra, se les exigió pedir perdón público por sus pecados anteriores.

Acabada la ceremonia, Carlos y Camilla posaron sonrientes al pie de las escalinatas de entrada a la capilla ante quienes les saludaban, enar-

---

[108] Estaba prevista para el día 8 pero hubo de aplazarse ya que el contrayente tuvo que asistir a las exequias de Juan Pablo II en el Vaticano.

bolando banderas británicas. Luego, en las salas de Estado del castillo, la soberana británica presidió una recepción para todos los invitados.

Culminaban así tres décadas de amor. Pero a Camila le esperaba lo más difícil: ganarse al pueblo británico. Al día siguiente de la boda, se hizo pública una encuesta en la que solo el 58% de los encuestados aprobaban el enlace. Camila se negó a ser objeto de una campaña de prensa a su favor: decidió ser ella misma y así ganarse al que, probablemente, algún día será su pueblo. En la actualidad, la pareja está plenamente aceptada por los británicos. Será porque, a lo largo de estos ocho años, ha quedado demostrado que Camila es la única mujer capaz de lograr que en el rostro del príncipe de Gales brille siempre una expresión de profunda felicidad.

BIBLIOGRAFÍA

AUSTRIA, María Valeria: *La prediletta. Il diario della figlia di Sissi.* Trieste, MGS Press, 2001.

AUTHEMAN, Marc: *Agnès Sorel: l'inspiratrice.* París, Ramsay, 2007.

BALANSÓ, Juan: «Madame Lupescu» en *Historia y Vida,* Extra 7, págs.143-150, 1976.

BERGAMINI, John: *The Tragic Dynasty: A History of the Romanovs.* Old Saybrook, Konecky and Konecky, 1969.

CALDERÓN, E.: *Amores y desamores de Felipe II,* Madrid, Editorial Cirene, 1991.

CASO, Ángeles: *Elisabeth de Austria-Hungría. Álbum Privado.* Barcelona, Planeta, 1997.

——: *Las olvidadas,* Madrid, Planeta, 2005 .

CASTELOT, André: «Diana de Poitiers, la de la eterna juventud» en *Historia y Vida,* Extra 7: págs.30-40, 1976.

——: «Lola Montes» en *Historia y Vida,* Extra 7, págs.115-123, 1976.

CASTRIES, René: *Madame du Barry.* Paris, Hachette, 1967.

CRAVERI, Benedetta: *Amantes y reinas: el poder de las mujeres.* Madrid, Siruela, 2007.

D'ORNANO, Antoine: *Marie Walewska, l' epouse polonaise de Napoleon,* Paris, Hachette, 1937.

DOUSSINAGUE, J.M.: *Fernando el Católico y Germana de Foix. Un matrimonio por razón de Estado.* Madrid, Espasa-Calpe, 1944.

DUQUESNE, Robert: *Vie et Aventures galantes de la belle Sorel.* París, Albin Michel, 1909.

El affaire Dolgoruki: una zarina sin corona en http://nobleyreal.blogspot.com

FERNÁNDEZ ÁLVAREZ, M.: *Carlos V. Un hombre para Europa.* Madrid, Espasa-Calpe, 1999.

——: *Felipe II*, Madrid, Espasa-Calpe, 2010.

FIGUEREIDO, Antero de: *Leonor Teles «flor de altura»*, Instituto Portugal-Brasil, Lisboa, 1936.

FUENTE, María Jesús: *Reinas medievales en los reinos hispánicos.* Madrid, La Esfera de los Libros, 2004.

GALLET, Danielle: *Madame de Pompadour ou le pouvoir féminin.* Paris, Fayard, 1985.

GARCÍA TORAÑO, Paulino: *El rey Don Pedro I el Cruel y su mundo.* Madrid, Marcial Pons, 1996.

GOLDSMID, Edmund: *A King's Mistress: Or, Charles VII & Agnes Sorel* Volumes 1-2. Charleston, Nabu Press, 2010.

GRIFFIN, Susan: *Las cortesanas*, Buenos Aires, Gedisa, 1985.

HASLIP, Joan: *The Emperor & the Actress: The Love Story of Emperor Franz Joseph & Katharina Schratt.* Londres, Littlehampton Book Services Ltd . 1982

http://mcn.biografias.com

http://mujeresdeleyenda.blogspot.com.es/

http://wikipedia.com

JANSSENS, Jacques: «María Walewska, la esposa polaca de Napoleón» en *Historia y Vida*, Extra 7, págs.105-133, 1976.

KENT, Princess Michael de: *Diana de Poitiers y Catalina de Médicis, rivales por el amor de un rey.* Madrid, La Esfera de los libros, 2005

KÜRENBERG, Joachim von: *Carol II und Madame Lupescu*. Berlin, Athenäum Verl, 1952

LEONIE, Frieda: *Catalina de Médicis*. Madrid, Siglo XXI, 2006.

LEVER, Évelyne: *Madame de Pompadour*, París, Perrin, 2003.

LUJÁN, Néstor: «Dos escudos por una noche: Verónica Franco», en *Historia y Vida*, n° 118, 1978

LUSTOSA, Isabel: *D. Pedro I*. São Paulo, Companhia das Letras, 2006.

MARCH, J.M.: *Niñez y juventud de Felipe II. Documentos inéditos*. Madrid, Ministerio de Asuntos Exteriores, 1941

MARQUES DUARTE, Manuel: *Leonor Teles: ensaio biográfico*. Oporto, Campo das letras, 2002

MARTÍNEZ LLAMAS, A.: *Felipe II, el hombre*. Madrid, Ediciones del Lobo Sapiens, 2009.

MAUERSBERG, Adam: *Maria Walewska*. Ateneum, Warsaw 1938.

MERINO, Ignacio: *Amor es rey tan grande*. Madrid, Punto de lectura, 2002 (novela).

MORO, Javier: *El imperio eres tú*, Barcelona Planeta, 2011 (novela).

PARKER G.: *Felipe II, la biografía definitiva*, Barcelona, Planeta, 2011.

PINILLA, R. *Valencia y doña Germana*. Valencia, Generalitat Valenciana, 1994.

QUERALT DEL HIERRO, María Pilar: *Eu, Leonor Teles, Lisboa*, A Esfera dos libros, 2006 (novela).

——: *Mujeres de vida apasionada*. Madrid, La esfera de los libros, 2010.

——: *Las mujeres de Felipe II*. Madrid, EDAF, 2011.

RANGEL, Alberto. *Cartas de D. Pedro I à marquesa de Santos*. Rio de Janeiro, Arquivo Nacional, 1985.

ROMERO FIOL-PRATS, Manuel *Katharina Schratt, Elisabeth y Francisco José* en «Historia y Vida» Extra 88, 1998.

ROSENTHAL, Margaret F. *The honest courtesan, Verónica Franco, Citizen and writer in sixteenth-Century Venice* The Chicago University Press, 1992

SAINT-LAURENT Cecil: *La vida extraordinaria de Lola Montes*. Barcelona, Luis de Caralt, 1986.

SEYMOUR, Bruce: *Lola Montez, a Life*, Yale University Press, 1996.

TARSAIDZE, Alexander: *Katia: Wife Before God*. Londres, Macmillan, 1970

TOMALIN, Claire: *Mrs. Jordan's Profession: The Story of a Great Actress and a Future King*. Londres, Penguin books, 1995.

WILSON, Christopher: *Carlos y Camila: el romance que hizo temblar los cimientos de la monarquía británica*. Madrid, Temas de Hoy, 2005

Las mujeres de Felipe II
María Pilar Queralt del Hierro
ISBN: 978-84-414-2880-5
Referencia: 173563
Colección: Humanidades.
Crónicas de la Historia

El poderoso rey que gobernó el primer imperio global tuvo una debilidad, las mujeres que lo rodearon: madre, hermanas, esposas, hijas, amantes y amigas. Felipe II no fue el hombre frío y cerebral que transmite la historiografía tradicional. Las más recientes investigaciones demuestran que fue un joven apasionado y galante, pero también un marido entrañable. Que supo de amores prohibidos y de matrimonios por razón de estado.

Por las páginas de este libro desfilan las cuatro esposas del monarca, María Manuela de Portugal, María Tudor, Isabel de Valois y Ana de Austria; amantes como Isabel de Osorio o Eufrasia Guzmán; sus hijas Catalina Micaela o Isabel Clara Eugenia y el gran interrogante: la princesa de Éboli. Mujeres todas definitivas en la vida del *Rey Prudente* que desvelarán la figura de un hombre desconocido para muchos y, sin duda, mucho más atractivo que lo que deja entrever la historiografía tradicional.

*Heroínas de la II Guerra
Mundial*
Kathryn J. Atwood
ISBN: 978-84-414-3347-2
Referencia: 173590
Colección: Humanidades.
Crónicas de la Historia

Hubo otros muchos héroes en la Segunda Guerra Mundial cuyos nombres
no son tan conocidos como los de los generales norteamericanos Patton y
Eisenhower, pero cuyas valerosas acciones contribuyeron a ganar la guerra.
Son las heroínas de la Segunda Guerra Mundial.

Algunas de ellas ya eran famosas antes de la guerra y otras lo serían después, pero la mayoría eran mujeres corrientes. Peluqueras, relojeras, traba-
jadoras sociales, estudiantes universitarias, adolescentes y esposas, todas
ellas mujeres muy distintas entre sí que solo tenían una cosa en común: la
indignación hacia los actos de Hitler.

Cada una de estas mujeres, procedentes de distintos países y actuando en
distintas misiones, pudieron hacer realidad lo que con indignación tenían
que ver día a día durante el tiempo que duró la contienda: Maria von Maltzan,
la condesa que escondía judíos; Josephine Baker, la espía cantante; Hannie
Schaft, el Símbolo de la Resistencia; Pearl Witherington, la correo que se
convirtió en líder; Marlene Dietrich, la artista que convirtió en estandarte su
lucha contra Hitler y su régimen…

Relatos inspiradores de la vida de estas mujeres durante la II Guerra
Mundial, algunas de ellas todavía en su adolescencia, cuyo coraje marcó
una diferencia en los oscuros días de la guerra.

Nelson Mandela (1918-2013).
El triunfo de la libertad
Miguel del Rey y Carlos
Canales
ISBN: 978-84-414-3378-6
Referencia: 173591
Colección: Humanidades.
Crónicas de la Historia

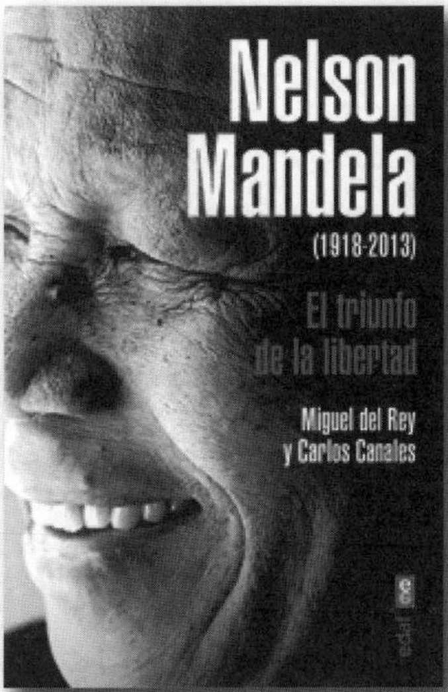

La biografía de Nelson Mandela, uno de los grandes líderes de nuestro tiempo, convertido en un icono internacional debido principalmente a su larga lucha contra la segregación racial, no deja de ser controvertida.

Mezcla de liderazgo, años de cárcel y carisma personal, sus esfuerzos por lograr la transición a la democracia no se vieron compensados durante los cuatro años que ocupó la presidencia de Sudáfrica tras las primeras elecciones por sufragio universal que se realizaron en el país en 1994. Una época mucho más complicada de lo que se esperaba.

Con enormes diferencias sociales, Sudáfrica, mezcla de la influencia de los colonos holandeses que llegaron a Ciudad del Cabo y de los difíciles años del apartheid, intenta hoy abrirse paso por sí misma en el concierto de las naciones, bajo el peso de la figura más universalmente respetada del África postcolonial.

Adonde quiera que te lleve la suerte
José Luis Hernández Garvi
ISBN: 978-84-414-3410-3
Referencia: 173598
Colección: Humanidades.
Crónicas de la Historia

El 12 de octubre de 1492 Cristóbal Colón desembarcó en las costas del Nuevo Mundo, dando inicio a una de las mayores epopeyas de la Historia. Entre los nombres de los principales protagonistas que participaron en la gesta del descubrimiento de América nos resulta difícil encontrar el de alguna mujer. Este silencio obedece a una interpretación de los hechos desde un punto de vista exclusivamente masculino. Sin embargo, en los testimonios y crónicas de aquella época, podemos encontrar el rastro de la presencia femenina en tierras americanas desde los primeros pasos de un acontecimiento.

En las páginas de este libro, el escritor José Luis Hernández Garvi nos acerca a uno de los episodios menos conocidos de la fundación de la América hispánica, proponiéndonos un viaje en el que nos invita a conocer las vidas de unas esforzadas mujeres que dejaron todo atrás para embarcarse en una aventura que las llevó hasta territorios inexplorados después de atravesar océanos embravecidos y selvas impenetrables, o que, dadas las circunstancias, supieron convertirse en imprescindibles para la empresa de América. La Malinche, Inés Suárez, La Monja Alférez, Beatriz de la Cueva o las mujeres del linaje de las Bobadilla, son solo algunos de los personajes femeninos que nos sorprenderán con el relato de sus vivencias en América.

Pero junto a ellas también aparecen los nombres de otras mujeres que contribuyeron a dar forma a una cultura y sociedad al otro lado del Atlántico. Sin la aportación del legado de todas ellas no podría entenderse la relevancia de la presencia española en América.

Discursos
que inspiraron
la HISTORIA
JACOB F. FIELD

edaf

*Discursos que inspiraron la
Historia*
Jacob F. Field
Referencia:173 610
ISBN: 978-84-414-3439-4
Colección:
Humanidades.
Crónicas de la Historia

Las palabras son armas poderosas. Pueden servir para inspirar o para exaltar, para proporcionar consuelo o generar confrontación, para conseguir la victoria o forzar la rendición. Y, con frecuencia, la mejor de las retóricas, en boca de los maestros de este arte, consigue exaltar al más insensible de los oyentes.

En un espectro temporal que va desde el siglo V a.C. hasta nuestros días, esta recopilación de discursos detalla aquellos momentos cruciales de la historia del mundo en los que las palabras de una persona han tenido un eco trascendental en las masas. Repasando la oratoria de hombres y mujeres, de liberales y radicales, de militares y civiles, cada discurso se sitúa en su contexto histórico y se analiza su repercusión sobre el ánimo, dispuesto o reticente, de las personas a las que fue dirigido.

De los emocionados llamamientos de Garibaldi a sus soldados —"¡A las armas, pues, vosotros todos!"— o del presidente estadounidense Ronald Reagan —"Señor Gorbachov, ¡Derribe este muro!"— al afligido llamamiento de Pericles al entonar su oración fúnebre, Discursos que inspiraron la Historia pone de manifiesto cómo, en tiempos de incertidumbre para los pueblos, las simples palabras pueden transformarse en instrumentos de guerra o de paz, y atesoran el potencial de modificar el curso de la evolución de la humanidad.